她的內在旅程

文・圖・攝影／ 曾玉心・邱明宗

南法遊記

他的單車朝聖

目錄

自序＋導讀

這本攝影遊記是 2017 年騎士明宗進行他的人生第二願望——到南法的環法賽路段騎單車，我擔任支援者時發生的種種。旅程中，我常全然陶醉融入南法美麗如天堂的大自然中，在 FB 流暢地寫出眼前景物和心中的感受，也要面對身心困境以及支援守護身邊那位不知身在何處的騎士。

2017 年的南法之旅和巴黎行只有短短 17 天，但陸續整理那 17 天的經歷，所記錄的文字、照片和資訊，居然經歷了五年的時光。衝衝衝的牡羊若是不能一口氣達標，硬是走入慢節奏就開始不知所措，甚至斷片遺忘了幾年才又再拾起這本書的製作。

2018 年初，當我迅速整理好文章和照片，想出版這本遊記時，一位朋友讀了我的文章後，他說好想看騎士自述的經歷，我才意識到男主角可能也有話要說，而不是由我來為他說。討論幾個月後，從支援者觀點主寫，穿插其中的山野騎士篇章就是他的心路歷程，兩個人以兩種不同敘述風格同時呈現各自的體會，增加了這本書的厚度和視野的廣度。

2018 年底，我們在長達將近 12 年遠距感情鍛煉後，決定在花蓮光復一起定居。經過搬家、生活變動就遺忘了這本書。直到 2019 年 4 月聖母院大火的震撼，又再次憶起和整理了更多遊記的細節。接下來一年多的時間，我們開始整理百年木造老屋，緊接著疫情衝擊現實生活，又再度遺忘了。

2022 年，他卸下 26 年的國中教職，進行他的人生第一願望——著手打造他最喜愛的單車工作室。某日我和朋友聊起單車工作室又提起 2017 年的南法旅遊，忽然想起檔案好像在即將陣亡的 iMac 裡面，重新打開電腦找到遊記檔案，將資料輸出到新電腦後，iMac 就壽終正寢了。我再度開始整理這本書，才發現所記錄的不只是這趟南法之旅的所見所聞，這趟旅程竟是我們在伴侶關係中的轉戾點，而單車在我們各自的生命中竟是解開內在寶藏的其中一把鑰匙。直到這次的整理，這本書才真正的活起來，一切都是那麼剛剛好！

在旅途中，貪愛的心讓我經常融於美景，忘了支援任務，也忘了自己身在何處，還好有記錄影像的習慣。當我再看這些照片時，卻說不出這些照片到底是在哪兒？每日經過城鎮地名、路名，當下也是記不住法文的。整理書的期間，我一次又一次地在 Google Map，一格格放大縮小確認我們曾駐足的路線，當時的發生又歷歷在目，照片中的影像仍反應著阿爾卑斯大自然的壯麗，在地圖上看到 D902 公路曾經給予我療癒的大樹，彷彿祂又矗立在我身邊，我仍可以感受那時身心鬆脫的時光，在心中和祂連結、感謝祂。

當我決定出版這本書時，姊姊和好友主動接下美編工作。她們是經驗豐富的藝術工作者和美編，在討論過程中，當我的想法和溝通太過粗糙時，她們耐心地解釋給我聽，當我的靈感停滯寫不出東西時，她們耐心地等待，雖然也會有衝突，但是我們共同的希望就是做出一本好看的書。感謝在這漫長的合作中，她們的參與和付出，為這本書注入了更多美好的能量。

當美編提出放入我們手繪插圖的想法，我和明宗毫不猶豫就答應了，2022 年夏日，我們幾乎天天跑去芳草古樹咖啡館邊喝咖啡邊畫圖。牡羊和射手又開始較勁，我總是很快畫完三張圖，每張自己都好滿意；他卻重複畫了三次同一張圖，一再地細修。讀者們可以很輕易地看出兩人相當不同的圖畫風格，當圖案呈現出來時，我們都哈哈大笑，原來對之前旅遊的風景，彼此心中有這樣的畫面。

這趟南法旅程如同這本書的誕生過程，是二合一的試煉！為何同一條路既是痛苦之路又是天堂之路？一面渴望經驗刻骨銘心，一面渴望平安寧靜，這是在二元世界所獲得的束縛，同時也是禮物！只要踏上未知，苦樂的體驗便會密集地來磨練我們的身心。神總是會在誠心交託的那一刻出現來引領，吉光片羽，無法言說的合一就發生了。

感謝南法之旅所有支持我們的家人和朋友，有的提供 SIM 卡、有的提供導航、有的提供建議，還有那些網路上不認識的朋友提供非常多的有用資訊。也十分感謝幾位朋友在編書期間給予的寶貴意見，給予我們很大的信心來完成出書的工作。感謝上天完美的安排以及無盡的恩典禮物！

曾玉心 2023 年 8 月

都市小姐的單車創傷

玉心

小學四年級的時候，有天和幾位小朋友去吳興街底的松山寺玩，松山寺前有個很陡的長斜坡，我看到小朋友們騎著小單車從斜坡滑下去覺得很有趣，就向他們借了單車來騎。我第一次騎單車，滑下坡時居然還一路狂踩踏板，那個坡非常陡，接下來就失速失控後人車分離，好像《駭客任務》慢動作的橋段，我看到我騎的車居然飛在我的前方，接著恢復正常速度的我在地上滾了好幾圈，那天是中元節，躺在地上看到兩旁公寓居民正在拜拜，他們從樓上往下看到我滾在地上，大聲驚呼「夭壽喔」，雖然我摔得一身都是傷，卻笑了出來。我和其他小朋友走到旁邊台北醫學院的廁所清理傷口，當時沒有錢掛號是沒人理你的，回家當然免不了被一陣責罵，這是第一次騎單車的痛苦體驗。

五年級才剛學會騎單車，同學借了一輛大人送貨

的腳踏車給我騎，很重的鐵馬而且生鏽得厲害那種。我搖搖晃晃地騎著，忽然失控撞牆，破爛坐墊裸露的鐵片直接撞擊我的鼠蹊部，我痛到幾乎昏倒。回家後受傷處紅腫很嚴重，當時民風保守，又因接近私密處，我媽不敢帶我去看醫生，不知如何是好，只能和來關心的教會姊妹在家輪流為我禱告，大約一周後竟奇蹟似地消腫好了。從此以後我看到單車就害怕遠離，單車簡直就是會傷害我的刑具。

時光跳到二十六年後，某天晚上看了一部紀錄片（忘記是什麼片？）我像是被什麼敲醒，覺得一定要跨越恐懼的障礙，生命才能前進。我坐在電視前努力地回想我最害怕的是什麼呢？騎單車！這三個字浮現在我的腦海，我想一笑置之，卻有種無法逃避非要面對的急迫性。姊姊親眼看到我小時候的車禍傷害，當時她以為我會死掉也嚇壞了。她從中學起每日騎車上學，直到現在時常還騎單車運動兜風。當她聽到我說要克服心理障礙時，立刻將單車借給我。我發抖地牽著單車，深呼吸跨上單車抖個不停，紅燈停下再起步時，我控制不穩向左打橫差點撞上一輛汽車。我緊抓著把手，睜大了眼專注地讓身體平衡，慢慢一圈一圈地踩踏向前，彷彿天上有隻大手將周邊汽車行人都挪開，街道淨空。我緊張得全身僵硬，幾乎忘了呼吸，大約十多分鐘的騎程，我花了將近半小時才騎到。我記得在騎回家的路上，我哭著笑了，終於戰勝那個躲在心中多年的單車魔鬼，當晚我發現頭上居然長出一根白頭髮。

就在克服騎單車心理障礙約莫一年後，我在太魯閣文山溫泉遇到了一位男子，奇妙的緣份牽引著我們，初次見面，他就邀請我試騎他心愛的公路車，我試了一小段就跳下來，故作鎮定地說坐墊太硬，心想老天給我的單車試煉還沒結束嗎？接下來的一年內，他帶著我騎陽明山的行義路，我下坡摔車手掌破皮；騎北宜公路輪胎壓到土石流摔車，膝蓋破洞見骨直接騎去礁溪醫院處理；有時騎平路也摔車。但藉著騎單車，我釋放了很多內在的恐懼害怕和憤怒悲傷，同時也鍛煉了意志力和體能。

2008 年 7 月我們騎單車出發環島，騎在蘇花公路時，單車沿著大海，伴著山谷乘著風滑行，像是老鷹翱翔在天空般自由自在，單車旅行拜訪許多未曾到過的村莊城鎮，打開了我的視野，打開了我的心。

上天安排了一位單車嚮導陪伴我十年，彷彿是要我從騎單車來跨越更多的障礙，單車對我來說再也不可怕而是美好調心的交通工具。對於從十歲起就會騎車組裝單車的他來說，他日以繼夜地轉動著二輪法器，所以當 2017 年這一天到來時，也好像順理成章地發生，過去上天藉著單車給了我深刻的試煉，現在上天旅行社又以單車為由，送給我們意想不到的禮物。

山野先生的單車大夢

明宗

生命中有些事是註定會發生的，只是一開始的時候徵兆非常隱晦，隱晦到我們無法察覺，就跟呼吸空氣一樣，自然的發生，理所當然的存在。這件事若要追溯起來確實很困難，也許跟玄奧的前世因緣有關，因為人天生就是會莫名被某些事物強烈吸引著，然後追逐著祂的軌跡一步步拼湊成自我的人生拼圖。就我記憶所及，這件事的徵兆是發生在九歲的時候，隔壁家大伯母的一輛紅色老淑女車致命性的壞掉了，於是她好心地把車送給我們兄弟倆，我和哥哥合力把車修好後就迫不及待地和同學死黨一起騎車四處遊蕩，比起父親的載貨老爺車，這輛車跑起來可輕快多了！

小孩子騎車三五成群，在道路上嬉鬧，比快，比慢，放手，蛇行等花樣盡出，使我們在玩樂中練就了一身蓋世神功。在單車遊戲競賽中，我們騎的那

輛紅色老淑女車總是拼不過同黨的變速腳踏車而遠遠落在後頭，不服輸的我們當下決定把它改造成變速車！我們省下買零食的零用錢，和同學買便宜的舊零件，畫設計圖，如火如荼進行……完成後，我們在車子前前後後看了好幾回合，覺得滿意極了。鑽石型的車架結構像極了公路競賽車，看起來很會跑的樣子，對於自己的創意更是滿意到了極點，迫不及待想騎出去炫耀一番，騎上車之後才發現車身搖搖晃晃，一副騎馬的樣子（奉勸各位想改車的同好，千萬別破壞掉車架原來的結構……）。我們異想天開的單車大改造雖然以失敗收場，但對公路車世界的熱切渴望已在心中埋下一顆熱烈的種子，這個跡象已是顯而易見，不能再說是隱晦的徵兆了，只是當時年紀小，不明白其中的含義。此刻，我坐在飛往法國的長榮班機上，回顧小時候經歷的這一切，忽然全都明白了。

每年七月份在法國舉辦的自行車環法大賽是全球車迷共

同關注的焦點，什麼？不會吧！你要去參加環法大賽？當然，怎麼可能？但是人生總可以有一些夢想吧！各位是不是覺得這個夢怎麼來得那麼快，那麼突然？怎麼從老淑女車一下子就跳到環法大賽？如果這個夢想是在知天命的年紀才踏上旅程的，也許就一點也不快，一點也不突然了。

從九歲到五十歲的悠悠歲月，在公路上孜孜不倦地踩踏，從鄉村家門前的彎彎小路到險絕的滇藏公路，不斷地踩踏，不斷地前進，夢想就在這樣的過程中一點一滴滋生。飛機上，頭腦對即將展開的行程在地圖上不斷搜尋，不斷地再次確認，從亞維農出發，開車到索村騎第一站…風禿山，接下來移動到第二站…布里昂松騎 col d'Izoard，第三站…看著看著頭腦感到昏沈，視線也跟著模糊，蜘蛛網般的阿爾卑斯山公路，各單站不知如何拼音的起終點城鎮，密密麻麻的公路編號在迷宮般的地圖上交織成一片惘然，此刻的心情與其說是興奮，不如說是忐忑不安。

飛機在深夜的星空下載著我的夢想前進，我偷偷打開遮陽板往窗外一瞧，一道刺眼的陽光映入眼簾，嚇了我一跳，原來此刻我在北極海永晝的上空。時空顯得有些恍惚，唯有我們對某件事物的堅持與固執能如利劍一般貫穿。

往 21 髮夾彎路上望向天空的兩朵大雲，像是兩個的大夢！

時候到了？

今年是我生命中的「焱」年吧，年還未過一半，發燒發炎發火不斷，原本準備安安靜靜清清涼涼躲在家中泡腳吹冷氣度過火熱的暑假。

五月中旬他簡單說了一句：「妳訂機票吧！我們去南法。」

我瞪大了眼睛：「今年暑假？我身體不好耶。（0.01秒的質疑）」他說：「時候到了！」

我的心忐忑不安，每個女人聽到去南法時，一定是想到穿著洋裝帶著美麗遮陽草帽，在陽光燦爛的普羅旺斯紫花盛開的大地，擺出迷人姿勢拍各種美麗的照片；而我聽到要去南法時卻是如此地驚懼，因為上天旅行社為我安排的並不是浪漫輕鬆的行程，而是到法國南部山區為一位想要圓夢的單車騎士開支援車。

明明覺得最近身體不好想休息，卻立刻上網查機票，心裡還想著反正太貴就不去了，居然訂到三萬八千多元的機票（暑假直飛巴黎的機票大概要六、七萬元，不可思議的便宜價格，是因為恐怖攻擊的影響）二十分鐘內要付款，又是半夜十二點多，無法和在花蓮已經熟睡的他商量，只好馬上付款。好像看到一頭牡羊又出來衝衝衝！

抗拒了兩個月，一面觀照焦慮恐懼什麼奇怪的負面情緒和生理症狀都被逼出來，一面慢慢記起許久未用的本領——訂計畫、訂行程、訂住宿、甚至練習法文……這趟任務最困難的就是我要負責安排所有的行程，但我根本不知道他到底要去南法的哪裡騎車？我像無頭蒼蠅查找資料時，他正在四川登山，無法聯絡上，而他回到台北，一週後我們就要身在南法的不知何處！

DV·368·XX

Day 1

2017/8/7 星期一

出發

巴黎機場

第一天行程比較刺激，因為暑假的關係，機票火車票都是一票難求，有訂到就好，無法考慮時間是否恰當。預計早上 7:30 抵達巴黎機場，就直接趕到另一個航廈到法鐵搭 9:58 的火車去亞維農 Avignon。

當飛機稍微 delay，在停機坪滑行時，已經快八點了。一走出飛機，我快步向前衝，回頭卻看他緩緩地移動，我已經擺明了要趕快，體諒他第一次來歐洲，心中給了約一分鐘時間讓他有落地感，便拉著他快走。到了海關前，我看到前面排了十多人，在隊伍中拿出所有準備好的文件，仔細交待他，他一副哪有這麼麻煩的神情？

我直瞪著他在心中碎碎念：

「你是第一次來歐洲。而我在中國工作飛來飛去幾十次，去過日本韓國工作不算，到英國、法國、德國數次，絕對是比你了解歐洲文化的。你這次什麼證明都沒有，萬一被抽查，會花很多時間延誤，因此我特地為你準備了英文保險証明，又擔心我們兩個分開不同的窗口，你又不會說英文，所有文件都複製給你一份。我是以過去董事長特助的龜毛規格來準備這趟行程的，為的不就是希望你開心順利地完成這趟行程嗎？一邊觀察隊伍移動的速度，一面揣測著前方海關人員的心意，人生經驗中真的訓練自己好多奇怪的技能還有更多無謂的雜念。」

兩位男性海關人員分坐在很近的兩個窗口，雖然聽不懂法文，但一看就知道在聊天，聊得這麼愉快還大聲笑出來，連我們的護照和臉幾乎都沒有看就蓋章了。過了海關，我幾乎可以聽見他心中說：「看吧，哪有那麼麻煩！」

下一關等行李，我又開始小跑步，他只是大步走……

我們很快拿到背包和行李箱，但是他的單車很久都沒出來，我跑前跑後問人到底會從哪裡出現，他們都說有人會推過來，要我們在原地等。

這兩個月我好像出任務般，每個環節都細想所有可能性，還有準備好應變措施，一旦沒趕上火車的變數就多了，要再花上一筆錢重訂所有行程，況且在暑假，全世界的人都想來南法度假，要再訂到當日的車票機會不大，就要去找旅館……以前那樣熟悉的安排計劃工作模式，完全按照行程走，原來是非常緊張燒腦的。

此時此刻才能明白焦慮真的有害無用，只有耐心看看老天到底要給我們什麼。當一個男人推著單車出現的時候，我們幾乎拍手叫好，然後我又開始推車小跑，他在旁卻淡定地說大步走就好，不需要跑啦！我只好跑慢一點配合他，為何他這麼淡定呢？

我們要搭接駁車去另一個航廈搭火車。非常感謝許多不認識的網友們提供了很多資訊，讓我們在看指標找路時省去很多時間，順利到達火車站時才 9:15。我們到法鐵櫃檯辦理歐鐵車票蓋完章後，我就放鬆地去買可頌了。月台號碼要等到火車出發前 15 分鐘才會顯示，他忽然發現螢幕上根本沒有我們車票上的火車班次號碼，又跑回去問那位在法鐵處理車票並且是唯一會說英文的女士，她看了後立刻拿了筆改我車票上的火車班次號碼，說改了。蛤？這麼隨興！

我們將行李放在一邊就各自四處逛去，不到兩分鐘，一位黝黑高大壯碩的保全人員緊張嚴肅地走過來，指著我們的行李說了幾句法文，我剛去廁所回來，上前去用英文說這是我們的行李。他對我們說了一句法文，我回英文，他回法文，來來回回三四次，那位會說英文的女士又跑出來翻譯，說我們要跟行李在一起，不然保全會很緊張。這時我們才感受到一點點因這陣子恐怖攻擊事件 * 帶來的氣氛，原來看似整體輕鬆的氛圍，其實還是有警戒的，從下飛機到現在都沒感受到因恐攻的緊張。

最後一次去麻煩那位會說英文的女士，是因為月台顯示為 4N，但同一時間抵達的火車是在 4S，之前看網路上的資訊被誤導 N 是往北，S 往南。而兩條路線都沒有顯示到南方亞維農車站。那女士再三跟我確認是無關南北的 4N，我才稍稍放心。接著要走到月台上才能看到各站明細，同班火車到了里昂還是哪裡就切開一半分道揚鑣了，所以坐錯車廂就會去到不知名的遠方……

以上聽起來很複雜，但我們二傻，一個擅於觀察，一個擅於發問，遇到人人都耐心協助，甚至有一位中文標準的法國女士主動前來用中文問我們需不需要協助，所以一路順利。即使相同問題問不同的人獲得不同答案，我們也是感到開心愉快。

終於我們放鬆地坐在火車上曬著法國夏日的陽光，亞維農好像是第四站，他觀察到 TGV 火車到達第一站時，車內竟然沒有廣播到站訊息，旅客們悄悄地上下車，車內也沒有螢幕顯示到哪站？

陽光好舒服，可頌好好吃，外面丘陵大樹綠油油，先睡一覺再說吧！

＊恐攻事件：2017 年 4 月發生警察和遊客遭受槍殺，因接近法國總統選舉，法國當局懷疑是恐怖攻擊，提高安全戒備。

上、下：亞維農車站裡的色彩風光

亞維農車站

火車越往南開，窗外遼闊無盡的綠色和金黃色大地、藍天白雲、南法日光開始酥軟我們的身心。快到亞維農時，他指出遠方的尖尖山說那應該是風禿山吧，感覺他的身心已經朝那座山飛去。

火車一抵達亞維農車站，就感受到放鬆度假的氛圍，返鄉度假的人很多。我們有默契地一人看行李，一人去覓食，坐在火車站內看人很舒服，各色各樣的人都很美，穿著亮藍色衣服的女士拉著亮藍色行李箱走過；穿著紫色洋裝的女士映照後方紫色圖象的海報，美麗的色彩像是飛舞的蝴蝶捕捉了我們的視線。在這個熱浪澎湃的日子，待在亞維農明亮舒爽的小車站，讓來往的遊客們都感到清涼。租車中心就在對面，但是預定時間未到，我們都想在車站多待一會兒，不急著離開。

看過《山居歲月》作者彼得．梅耶的描述，對照起來真是如此，暑假時候，有許多巴黎人、英國朋友會以各種名義和藉口到南法探訪親友度假。誰是剛到的遊客，誰是要離開的遊客，看膚色就知道，要離開的人們都是健康黝黑，充電飽飽或是玩得累垮的樣子。剛到的遊客還白白木木的，有些嚴肅緊張。車站是個能量轉換場，遊客們一走出去曬到南法的陽光，臉上就出現微醺的笑容。我們分別在不同的店裡買了兩個道地法國三明治，坐在長椅上比較著三明治口味，也幸福地笑著，還沒走出火車站大門呢！

他一向喜愛開手排車，而租賃手排車的價格也便宜很多，但考量到有兩天會是我開車的行程，他立刻貼心地說租自排車，之前我甚至還想要練習手排車省點錢呢。在櫃台租車時，聽錯以為全險只有 500 歐元，還很高興地跟他解釋比我在網路訂還便宜呢，結果刷卡後是 1030，原來是再加上 500 歐元，我們愣了不到一分鐘就接受這個事實。當走去停車場拿車時發現原本訂的是小車，也是付小車金額，變成一輛大的休旅車又驚喜不已。後來發現這輛大車才能載得下兩輛裝箱單車，而當時我們只帶了一輛單車。

坐進車內，我要設定導航，感謝朋友特別提供一台二手 Garmin 導航，但這台導航說路名時是用字母拼音而且還 lag，導航指示：「前方路口左轉 aaaaavvvvvviiiiii……」等到我們聽完整個單字，早就過了該轉的地方。我還在低頭研究如何用手機 Google map 導航時，發現射手座隊友已經迫不及待發動車子衝上道路融入車陣中了，而他在台灣開車從未用過導航，我平常既沒開車又沒用過 Google map，所以……看似簡單的任務卻是挑戰十足的，呵呵。

法國道路系統幾乎都是單行道加上圓環和地下道，經過路口沒有什麼考慮的時間，後面車流就推著你不停地向前，他看了地圖說要沿河往東走，明明地圖顯示有路就是過不去，一到就被道路帶往西去，繞了好遠的路再重新回來，又繞了兩次還是被帶往西去。終於搞定 Google map 帶我們突破鬼打牆走上正道，原來要先下左邊的地下道才能往東。但是市區有些路很難只繞兩圈就出來，於是在城外重複繞了幾圈後，他就趕快駕車遠離市區直奔遙望的風禿山方向，美麗的亞維農城堡逐漸遠離我的視線，他說我們回程再來玩，我卻有種無緣再相見的感覺。

本來應該在亞維農找家樂福採購，為什麼是家樂福？因為我只認識家樂福的法文 Carrefour。坐在車內，熾熱的天氣口乾舌燥又有時差，又沒有水喝，他要直奔沒有家樂福的小村。一路上，我們都燒起了煩躁心。但是一到小城鎮卡龐特拉的超市看到各種新鮮美麗的水果蔬菜、起士和麵包，立刻就開心了！在巴黎火車站買了兩個小可頌和一瓶最小的柳橙汁就要價台幣 240 元，現在自己可以料理一大盤番茄、綜合生菜、香醇羊奶酪起司、三種水果、上好的橄欖油和沙拉醬、法國麵包、新鮮果汁，價格卻十分便宜。也很感謝上天讓二傻在這兩年來學會自己做料理，剛好派上用場。

只要再完成網路加值，我今日主要分配的任務就完成了，感謝法國好友在我們出發前，提供他上個月回法國用剩的 sim 卡。當我們找到了法國最大電信公司 Orange 的店，表明要加值後，等了約十多分鐘，終於等到一位會說英文的店員，他說他們的系統無法儲值，要我們去賣煙酒 Tabaco 小店儲值，感覺就像中華電信要我們去找一個阿嬤的柑仔店儲值。我們到了 Tabaco 小店，門上貼了一張紙條，我的法文能力瞬間打開。我解釋給他聽：「老闆從 8 月 7 日起到 8 月 20 日休假去了，下次見！」

好吧，也算任務達成，到下一站再說。無法上網，整整兩天我們只能靠著 Google Map 的小藍點知道我們現在的位置在哪。

知道自己在哪兒就好了！不是嗎？ C'est la vie !

抵達索村小鎮已是黃昏天光仍亮

山城索村

從現在開始的旅程就是走一步算一步，也是一個片刻接著一個片刻的心之所向。

他歸心似箭地往單車聖山──風禿山方向開去，開了約莫一個多小時，我們抵達了美麗的山城索村。我開始有時差反應，眼神醉茫茫地逛著小鎮，光影俐落地斜切在巷道的屋牆上，構成兩種色調，明亮柔和的光和灰色調性牆面，配上淡紫色的窗，幽雅舒眼，就是南法小鎮的色彩。

有戶人家門口擺出了二手小物，哇！好美，看了就想擁有。才剛到就讓這些小物粘住可不行的，屋主在二樓陽台輕輕搧風納涼微笑著。

走到教堂後方的廣場，幾個老婦人坐在廣場聊天，我覺得走進了一幅畫，正想拍照時，他居然很放鬆地脫了鞋，坐在老婦人們的旁邊，就在我呆望著，是要他走出那幅美麗的畫，還是要他把鞋子拿開時，忽然教堂傳來鐘聲，噹！噹！噹！噹！噹！噹！噹！七點整，我一回頭，鴿子們從旁邊飛去，教堂牆上刷過一群鴿影，是吳宇森電影的橋段吧。當平靜安詳的鐘聲結束，我好想睡去，他也開始打哈欠了。

我們睡眼朦朧順利地找到距離索村五分鐘車程的寧靜松林露營區 Camping du D'efends Sault*。

在露營區入口處詢問價格，兩個人加上車子是 18.6 歐元，蠻便宜的，友善的工作人員用英文簡單介紹，其實我們頭昏昏的也沒怎麼聽，只記得他說左邊樹林都可以紮營。車開進來才發現露營區很大，小型雙人帳篷在超過一百坪屬於我們勢力範圍的林地中顯得更渺小。從帳篷走到廁所和浴室差不多是 30 公尺距離，左右鄰居都距離 20 公尺以上，十分安靜。除了遠處孩子開心的嬉鬧聲，我只聽見樹木和風交流的聲音，可能祂們在說來了兩位台灣人耶，我們在美麗的老松樹林和遍地小野花和松果的芬多精催眠下迅速躺平入夢。

紮營時看到滿地的松果，他刻意選在樹木圍繞的正中間避免被松果 K 到，沒想到隔日竟被意想不到的東西 K 到。

* Camping du D'efends Sault（見附錄：露營區資訊 P.238）

上、下、右頁：索村鎮上的日常，看到市集和二手小物好想買。

BROCANTE
VENTE
CAVERNE DE SYLVAIN

Day 2

2017/8/8 星期二

大自然的見面禮

暴風雨

昨日豔陽高照，熱浪滾滾，高溫35度左右。今天清晨七點，天色仍暗有烏雲。可不是為了幫捷安特打廣告，但我們只有捷安特的大紙箱做餐桌，坐在石頭上吃著豐富早餐時，下起兩滴雨，我們從容吃完後，大雨滴才落下。待我們將東西一收入帳篷，雨停太陽又出來了，僅是一分鐘的落雨。

他迅速組好單車，說去探探往風禿山的路就回來。我在營地寫東西，想聽聽大樹們說些什麼，森林以很深沈的寧靜回應，我又繼續補眠去了，偶爾飄雨，聽見遠處有雷聲，風起。

代表法國歡迎我們的小蚱蜢一清早就現身，然後就不客氣地住在內外帳的中間，跑來跑去。我很好奇為何牠寧可待在這麼悶的帳篷裡面，而不待在森林裡呢？

中午他探路回來了，說騎到差四公里就要登上風禿山頂，忽然下起大雷雨只好回頭。此時營地天氣晴熱，吃完中飯後，收拾完畢，我們剛好一躲進帳篷就下起雨來，只好繼續補眠。聽到遠方像是火車隆隆聲音越來越近，越來越近，閃電打雷從遠處移到我們頭頂上方，劈里啪啦像落石打在帳篷上，原來竟下起冰雹！無數的冰雹襲擊我們的小帳篷，我擔心不到兩秒鐘，就打開帳篷門，開心地拿手機拍，第一次那麼直接體驗到超級冰雹的威力，大的有直徑五公分哪！下完冰雹幾分鐘後，小雨變成大暴雨，冰雹暴雨停止後又再來連續上演兩次，氣溫驟降至少 20 度。昨日近 35 度熱浪立馬變成 15 度的冷冽。《山居歲月》中提到的八月暴風雨，就這麼幸運地讓我們給遇到了，我也了解大樹們之前靜默的提醒和為什麼小蚱蜢這麼聰明地躲在我們的帳篷裡了。

從下午到晚上雨下個不停，今天普羅旺斯風雨雷電冰雹和太陽神示現我們氣候變化多端的無常，而我們的小帳篷在無常之流中，在大地媽媽懷裡平安度過。

我們三窩在帳篷中靜聽大自然澎湃洶湧交響曲，別有「風」味。

小蚱蜢披著法國國旗來歡迎我們，接著隆重的冰雹禮砲也響了。

山野騎士 探路

上午十點左右，在女友目送的眼光中離開索村森林營地，騎往心中的聖殿──風禿山。心想今天只是先來探個路，優哉優哉就好了，可是一遇上了歐洲騎士就不得不認真起來，看他們從頭盔到車鞋全套專業配備可不是鬧著玩的，感覺到他們專業的裝扮像是表達對風禿山的崇敬，透過競賽單車與選手裝扮進行某種既先進又古老的敬山儀式，相對於我穿著隨便顯得與他們格格不入，尤其是沒戴安全帽，感覺像是小學生做錯事有種不安的心虛，或許這就是文化的約制力。

公路蜿蜒穿過一片薰衣草田，剛收割過的薰衣草香氣特別濃郁，隨著陽光下的和風撲鼻而來，我的嘴角不經意地揚起，心想這就是南法的味道啊！並且在心中吶喊著，風禿山我來了！公路沿著風禿山麓緩緩向上，坡度約百分之四到六，並沒有想像中那麼困難，我看著前方蓊蓊鬱鬱的森林，心中有些不真實感，分不清這是在法國還是在台灣的公路上。關於這趟單車朝聖之旅的緣份要追溯到九年前，也就是 2008 年。2008 年冬天某個特別的日子，我收到此生以來最棒的生日禮物，照例我會在生日當天忘記自己的生日，無預警的情況下，那天晚上她拿著一個包裝得神秘兮兮的方形物品要我猜猜裡面是什麼？我摸不著頭緒胡亂猜一通，結果當然沒猜著，她只好催促我打開看看，包裝紙裡頭出現的竟然是 2007 年環法賽 DVD 專輯，那時候的我已經慢慢淡出自行車俱樂部聯賽，之前因為比賽的關係追了幾年的環法賽，也看過幾次電視台的轉播，對於經典賽段及明星選手有初步的涉略，有了這兩片 DVD 之後，就能看到更多比賽細節了。

那一陣子我常常把單車架到滾輪式練習台上，將 DVD 畫面接到電視螢幕，想像自己是環法賽選手，跟著大集團衝鋒廝殺。風禿山的經典賽段尤其震撼我的內心，公路之字型劃過如沙漠般遼闊的白色礫岩，氣象站如精神堡壘般矗立在蔚藍的天空下，選手們奮力向前，路旁熱情的觀眾情緒高昂亢奮。公路一直沿著森林盤繞而上，坡度始終維持在百分之四到六之間，地中海型氣候特有的燦爛陽光照在青翠的樹梢上，分外明亮耀眼，心中一直盤算著是否該折返與她會合還是繼續騎，但隱沒在森林盡頭的白色礫岩與矗立在山頂上的白色巨塔散發著強大魔力深深拉住我，驅使我不斷向前，心中著了魔似地，眼睛直直盯著公路盡頭，心中一次又一次期待著，以至於忽略了森林上方的天空，雲朵在心魔的掩護下乘著氣流悄然而至，越聚越多，越聚越重，層層的烏黑壓在山頭上，盤踞半個天空。風因為烏雲的助長也開始張牙舞爪地刮起來，白色礫岩害怕的發出顫抖的聲音，一開始非常細微，隨著恐懼的神經慢慢擴散，最終漫延到整座山都跟著顫動起來，早上有著燦爛笑容的陽光已避走到遙遠的海角天邊，僅剩一絲淺淺的微笑，氣溫驟降，天地昏暗，雨要下不下，這一切氣氛的營造都是為了考驗朝聖者的意志，風禿山果然不是一般人輕易可炙的山啊！在我心裡這樣想的同時，天空下起了豆大的雨，不，是比豆還大的冰雹，我連忙穿上風衣狼狽逃下山。

前往風禿山的道路，路面盡是給騎士打氣的圖案。

Zone d'Activités
60

Day 3

2017/8/9 星期三

守護交通的大天使啊！請……

騎士們的聖山

南法的酷暑烈陽是如此有名，準備了比基尼想要來蔚藍海岸游泳，雖然知道多半時間待在山區的高度會比較冷一點，但從沒想過會遇到冰雹。海拔 500 公尺左右的索村低溫就 15 度以下，半夜清晨更冷。但隔天醒來，晴空無雲，氣溫又快速回升到夏日應有的熱情，這裡的風是乾冷的，加上熱情陽光，一小時內就會口乾舌燥，要立刻補充水份，劇變的氣候考驗著我們身心的適應能力。

今天就是他要正式騎的第一站，前往所有單車騎士的朝聖之地──風禿山 Mont Ventoux。這趟旅程我最擔心的就是開車，距離上次開支援車是九年前了吧，後來連開車的機會都沒有。法國山區和鄉間道路不寬，剛好夠會車，路旁絕不浪費做護欄、彎道也絕沒有圓圓的道路反光鏡，有些道路中間甚至連分隔線也沒有。當地人開車的節奏就像魚兒在水中悠游，輕快又優美。我在心中祈請守護交通的大天使守護我們這趟旅程。

他特地幫我開出市區，在一片金黃色和紫色薰衣草田旁換我接手。薰衣草的季節已經接近尾聲，我望著仍有些許暗紫色的田野想像自己戴著大草帽，穿著可愛洋裝站在薰衣草田中跳舞……

「你可以嗎？」我從恍惚中回神，他話剛問完已經跨上單車迫不及待地出發了。我望著他踩踏公路車輕快遠去的背影後，深呼吸，將鑰匙插入，車子居然發不動，出現一堆法文和右後輪胎壓異常的訊息，我再深呼吸，按照常常看到的電影情節，走到後面去踢兩下輪胎，再回座位亂按一下，車就發動了。

上路後開始以時速 30 公里速度進行，同向車道沿路都有單車騎士，要閃開他們，對向車道有高速滑下的單車、重機、各式各樣古董的、現代的汽車，還好後方來的車輛不多，不知不覺發現自己在山區路段已經開到時速 60 公里。像是在大海中那道快速洋流，單車騎士們是小魚，汽車是海豚或鯊魚們，大家在這條朝聖之路被一種特有的精神牽引著。

這條路美麗地不知如何形容，他說騎到薰衣草田，空氣中充滿香氣，嘴角上揚就開始微笑，接著進入一片森林，我忍不住讚嘆，這是天堂之路！充滿寧靜愉悅和諧的美麗，但通往天堂之路，必有艱辛歷練才能磨出內在純淨的光輝，這條單車朝聖之路登頂的最後六公里才是淬煉淨化的過程。

當我熟悉了方向盤，就忍不住開始一手拿手機拍照一手開車。美景像一首詩歌，光影流動的優美，我多以影片記錄，因網路限制，回去再分享！（這段是分享在 FB 的貼文，當時忽然有很多人追蹤我在 FB 上的南法遊記貼文）

途中看到一隻美麗的鹿，不是活跳跳的鹿，是一座鐵鏽色的雕塑。全身是用汽車零件拼造，可能是這條路上拋錨的汽車零件匯集而成，象徵所有騎士要有鋼鐵

這個觀景台後方是通往野生動物小徑，還有其他的鋼鐵動物雕塑。

般的意志力和小鹿般靈活敏銳的心才能踏上騎士之道。牠雄赳赳昂首站在這裡，彷彿是這條路的守護神。

往風禿山山頂的路忽然從茂盛的針葉森林變成白色裸岩區，名符其實光禿禿的山，第一次看到這種荒漠地貌的山頂景色。線條簡單的山路、純粹的能量引領著上山的騎士們和他們的單車，像是累世苦行者不斷地抽動雙腿，用盡氣力爬向聖山的終點。小小的人車在極藍的天空和廣闊的白黃砂漠中努力移動成為一滴焦點，又彷彿怕被山吞沒了而努力向前逃跑。據說山頂風大時，風速可達到每小時 300 公里，朝聖的渺小騎士們也很有可能被風神大手一揮東倒西歪，今天一定有幸運天使隨行護持，風並不大。

在 1912 公尺處，有個騎士湯．辛普森的紀念碑，他曾是環法賽單站冠軍選手，在最後一次比賽，就在 1912 公尺處熱衰竭往生了，人們在紀念碑處將自己心愛的水壺或一瓶水放上紀念他。對一般人來說，很難理解騎單車騎到連命都不要是怎麼回事，但當我站在這裡看著男女老少的騎士們獨自騎上來又滑下去，也能體會如此的活動會將人磨練出一種超乎常人的毅力和堅持，是單獨的神聖旅程。

開車行經最後幾公里，我被純粹的藍天和白地景色震懾著，一邊跟著他，一邊拍照，但最後上山頂的路是汽車和單車分道，沒辦法幫他捕捉最後爬坡的鏡頭。汽車道變成很窄的單行道，我必須見縫插針地將車停到懸崖般的路邊停車格，車前車後都緊貼著上山的車流，我居然看到一個空位，而且迅速停好車，這是九年來第一次路邊停車吧，真是太幸運了。

山頂車潮洶湧，所有上山的騎士都牽著單車排隊搶著跟一根標示法文風禿山的破柱子拍照，終點的氣象站可能是世界上最多人潮的氣象站。我們在人車潮中相遇後，他開心地拿了相機去拍這第一站最熱鬧的終點景觀，似乎每位騎士都被環法賽的光環加持，每個人臉上都充滿了朝聖者抵達聖地滿足的笑容。

下山時，他遇到一位速度相當的車友，對方領騎，他跟隨。我開車的時速 70 多公里都無法超過他們，他們倆在我前方像是小燕子高速俯衝翻飛嬉戲，在美麗的樹林山道中一彎又一彎，一飛又一飛，輕盈又靈巧，感覺兩旁的大樹們都沙沙地叫好，我在心中讚嘆，好想雙手放開方向盤來鼓掌，多麼慶幸能身在環法經典賽道看到如此精彩的一幕。

右頁：風禿山頂的地貌像另一個星球地表，光禿的白礫岩中仍有一小撮的植物冒出來。

山野騎士　第1站　風禿山

昨天下午斷斷續續下了幾場冰雹，真正體驗了八月地中海氣候的多變，不只是多變，應該說是巨變。大冰雹即將降下前就可以聽見轟隆隆的巨響，猶如一列滿載怪物的火車，由遠而近奔騰而來，當你還在計算著還有多久到達時，瞬間他就在你頭頂上傾瀉而下，像千百隻怪物伸出爪子抓住你的帳篷胡亂搖晃，就在你想著完了！帳篷要被撕破了的時候，牠就一溜煙地消失了，大地又回復一片平靜。

今天早上醒來後第一個動作就是抬頭望一望天空，看看怪物是否真的已經遠離，天空出奇的藍，陽光在樹梢上綻放出一個個燦爛的笑容，好像在對我説，就是今天喔，今天是上風禿山的好日子，吃完特製的法式早餐後就載她出城，在路邊匆匆交待好會合地點後就迫不及待騎上路，她好幾年沒開車，不知道在沒有護欄的法國山道上是否應付得來，雖然心中也帶著些許不安，但一切都及不上即將要騎上風禿山的興奮。

今天路上的朝聖客非常多，多到猶如一場小型的環法賽，我很想知道自己在這些歐洲車手間的實力，於是就在腦中計算著坡度變化及路程遠近，偷偷在心中擬定一套上坡攻略計劃，我跟隨在一位實力相當的車手後面借助他的力量引導，就像車隊主將隱身在副手後面，按耐住身體的能量，等待重要時機衝出。

風禿山公路是一條相當神奇的道路，它吸引來自世界各地的朝聖客，環法賽選手碾壓過的每一寸路面蘊含著超過百年的修行能量，也是世界頂尖選手爭鋒天地的殺戮戰場，自然散發出一種誘人的魔力，凡是練功之人想要上一層樓就必須來此修煉一番。

從上方的森林中傳來轟隆隆的高亢聲響迴盪著整座山谷，聲音時強時弱，漸次接近，音爆也隨之增強，一定是超級怪獸在此練功吧！不一會兒，怪獸就出現了，在狹窄的山道上，藍寶堅尼和保時捷打得不可開交，正當我們看得驚心動魄時，怪獸瞬間呼嘯而過，幾十秒後又有一批批怪獸呼嘯而來，一場山道拉力賽活生生上演，單車車手們也在上演著自己的拉力賽，我們沒有發出轟隆隆的聲音，只是默默地喘著氣。

她把車停在路邊充當我的專業攝影師，看到她拿著相機鏡頭對著我時，我故作姿態擺出職業車手的騎姿，臉上露出驕傲的表情，好像是告訴她，妳看，我騎得不錯吧！一路超越了很多歐洲車手喔，但我不確定她有沒有看懂。按照我的攻略計劃，在前方平坦路段衝出，擺脫我的引導者，但我忽然沒了信心，還是緊跟在後，觀察一陣子後，我發現他沒有要加速的意思，於是我衝了出去，在衝出的瞬間下意識地回頭望了一眼，這不是藍斯．阿姆斯壯＊的 The look，純粹是一種好奇，不看還好，這一看驚動了我的內心，當然，他不是一隻怪物，他是一位老人。

過了 D907 公路交匯點後，正式進入白色礫岩區，公路之字型陡升，坡度從百分之四升至百分之八，別以為就這樣

＊藍斯．阿姆斯壯（Lance Armstrong），美國自由車運動員，從 1999 年到 2005 年七次獲得環法自由車賽冠軍。2012 年比賽服用違禁藥物，他從 1998 年 8 月之後的成績被取消，並被終身禁賽。2001 年在 Huez 21 髮夾彎賽道阿姆斯壯回頭看了揚．烏魯利希（Jan Ullrich）一眼，確定了對手的狀況後，發動了強勁的攻擊，奪得冠軍。這個回頭成了有名的 The look。

而已，因為在你力氣快用完的終點前三公里，坡度已到達百分之十二。你應該聽過決戰終點線這一類的話吧，在這裡它可不是一句形容詞而已，它可是一種腎上腺激素，催促你的心跳拉高，迫使你的肌肉緊繃到臨界邊緣，讓你的情緒高漲，一直達到生命的高潮為止。

蔚藍的天空下，白色礫岩散發出潔白的光芒，遠方的大地如畫布上的風景靜靜躺著，與這裡的世界隔著遙遠的時空，視線對焦在山頂上的白色巨塔，你一直向它走來，它卻往後方的天空一步步退卻，近在眼前卻又遙不可及，路邊的湯．辛普森紀念碑在你眼角餘光一掃而過，你多麼想停下來走上去，為他獻上一個水壺，告訴他喝完這口水吧！終點就在前面，這一站的冠軍非你莫屬，可是我並沒有停下來。我的腳已經快不聽使喚了，我還是不想停下來，固執的念頭驅使我緊跟著其他車手，好像有一條無形的線綁住我們，牽引著我們向上，直到最終的白色巨塔。

此刻我已坐在白色巨塔下的矮石牆上，俯視著一波波的朝聖人潮，同時也搜尋著她的身影，看著陡峭的山坡邊緣停滿了車，我不禁擔心起來，她平常既沒有開車，也不會有機會練習停車技術，應該不會有什麼意外吧！就在這時，她在人群中叫著我，要我到標高紀念柱子旁拍照。我們牽起單車等候，看著來自世界各國的車友們紛紛帶著愛車擺出各種勝利的姿態，我覺得自己好像進入了世界名人堂。我和她坐在矮石牆上俯瞰下方的風景，礫石散發著潔白的光芒，天空在我們頭頂上恣意潑灑著大片大片的藍，我跟她分享著終點前的戰況，我說在最後一公里爬坡時，有一位很奇特的車手從旁超越我，他有一頭濃密的捲髮，深棕色的皮膚，勻稱的身材，一直都是站立抽車的姿態，讓人很難不去注意他的腰和背部，一開始我以為他是個男的，後來又覺得他是女的，不知怎地我被他（她）的腰和背部的律動吸引著，而且心中出現一個念頭，他（她）是義大利人，因著這個念頭使我對他（她）打從心裡升起一種敬畏的心，以至我還有餘力卻不敢超越他（她）。

下山途中，我們在湯・辛普森紀念碑前停下，我走上去在紀念碑前放了一塊石頭（本來是想放水壺的），心中默默懷想著當年發生的事。1967 年環法賽風禿山站，英國選手湯．辛普森在終點前爬坡已取得領先地位，因為熱衰竭體力耗盡而不支倒地，教練要他停下休息，他仍不願多耽擱一秒，牽起單車危危顫顫騎了一段後最終倒地不起。剛剛經過紀念碑的時候，我想我已經體會到辛普森的心情，當我在看環法賽紀念報導時就想，總有一天我要親自騎一趟風禿山到他的紀念碑前放一個水壺。如今我就站在這裡，逗留一陣子後我再度環視風禿山的白色礫岩與山頂的氣象站，深深吸一口氣告訴自己，完成了。

上、下：風禿山上的騎士們

登上風禿山上的小黑

湯・辛普森紀念碑

怪奇小孩露營區

此刻還是在第三天，這裡太陽快十點才下山，感覺過一天好像是過了三天那麼久。

騎完風禿山，我們往下一站移動。這兩個月我瘋狂焦慮地在網路上尋找露營區和瞭解路線地圖真是太多餘了，他要騎環法賽五個路段，但確切是哪五站也是到了當地才決定，我們哪天要落腳哪個露營區是不得而知的驚喜。還好南法好像是全世界露營區最多的地方，所以只要有 Google map 就好，他說下一站往加普 Gap 方向進行，我就設好目的地，繼續前往。

順利完成了第一站風禿山，獲得了極大的滿足，我們居然忘了吃飯，直到下午三點才感到肚子餓。路經一個不知名的小城鎮，有著很美乾淨的公廁，還有泉水可取用，我們就在公廁旁的長椅上野餐。為什麼特別強調公廁，因為亞維農火車站的廁所使用一次要付費 0.8 歐元（台幣 28 元），後來得知巴黎市區的廁所費用更貴。

繼續前行，經過一個非常美麗的小鎮賽德龍 Séderon，我們將車停在賽德龍聖博迪教堂旁，在小鎮隨意散步。一座美麗的教堂背後有座壯碩堅固的守護山，我滿懷期

上左、右：塞德龍聖博迪教堂
下左：索村路旁的古老聖人像／下右：公路旁可愛的大樹

待推開教堂的門，上主在嗎？安靜無人。我感到全身放鬆安然，可愛的教堂內充滿平安的氣息，上主一定是一路與我們同行！

走入寧靜小鎮，街道門窗淡雅別緻，有河流有噴泉，

噴泉的水嚐起來是酸鹹的。穿越 1954 古老隧道，沿著小溪步行， 再轉回巷弄，左邊一條小路的盡頭，有一棵大樹向我們招手，我們朝她走去，是一棵豐盛綠盈盈的柳樹阿嬤，她美麗柔軟的枝葉充滿了陽光和精靈，她搖曳清脆的聲音令人歡喜，這是此趟旅程第一棵召喚我的大樹朋友。真想在這小鎮待久一些，但任務尚未完成，只好依依不捨地上路。

沿路風景優美，當我們發現是沿著迪郎斯溪流 Durance 行進時，便尋找可以走下溪流的地點停車。我看到碧綠的清溪近在眼前，就像小狗看到骨頭立刻飛奔過去，在這乾熱的天氣，雙腳浸入溪水中立刻清涼透頂，我興奮地問他要不要游個泳，他一如反常地搖頭，並有點嚴肅地回到車上。

路過古羅馬的峽谷引水道時已經接近黃昏，垂直下切的峽谷中有三層古代的引水道，許多遊客都在下方玩水，我還嚷著要再下切到溪谷去玩，平日比我更愛玩水的他這時展現了隊長的紀律，一路不語。我也看見自己對美景的貪愛，一直說明天再回來這裡好嗎？這裡實在太美了。

晚上七點多我們才抵達一個親子露營區 Camping du Lac*，櫃檯人員已下班。正在考慮怎麼辦時，好心路過的法國人正要借我手機打電話，甜美櫃檯人員忽然又出現了。她說只有在接近邊緣角落的帳篷區可提供，並且堅持要帶我們先去看過再決定。我們看過說好時，她好像有些驚訝。親子露營區有提供游泳池和許多供親子玩樂的設備，相較頭兩天的森林露營區，除了比較擠，就是很吵鬧，但時間已晚又很累，只好住下。

＊ Camping du Lac 應該是連鎖露營區，南法很多地方都有。我們住的是過了 La Saulce 在 D4 路上的這家，有很大的游泳池和滑水道，很多遊樂設施看起來非常適合帶小朋友去玩的露營區。（見附錄：露營區資訊 P.238）

有一群年紀從三歲到十幾歲的小孩在我們營地前後跑來跑去嘻鬧，後來有位大人和老阿嬤來跟他們一起指著森林說什麼。我們兩個搭好帳篷，專注地煮晚餐，沒有和他們互動，然後小孩們在我們背後說了些什麼就解散了。我這時才感覺到一整天的疲累。忽然有位胖男孩獨自跑來跟我們比手畫腳說了很多法文，我們實在聽不懂，我努力猜了很久，以為他說有兩隻山豬出沒，起先他說是又說不是。後來我請他畫出來，才知道他說有人看到有兩個戴小丑面具的人，一個人兩手都有刀，另一個人有槍，要請我們注意。我就問他：「what can we do？」他聳聳肩就完成任務般開心地離開了。露營區和森林整個是連在一起的，我們的營地剛好是處在最外圍的邊界地帶，任何人進來出去都很容易，但是我們已經累到沒力氣多想，吃完晚餐立刻倒下休息，我睡得很熟。快十二點還是被鄰居放煙火歡樂尖叫聲吵醒，好像還做了個怪夢。滿滿的第三天終於結束。

我們清晨醒來，當然早早離開這個有游泳池加跳水台和滑水道，還有古怪小孩的露營區。

塞德龍小鎮的泉水池

Day 4

2017/8/10 星期四

兩人被迷惑得團團轉

魔法森林野營地

今天是採購日，每天上午太陽曬得熱烘烘的，夜晚降到攝氏 10-15 度，又要前往更高的山區，我們卻還沒有買到瓦斯罐，更殘酷的是我有暖暖的睡袋，他只有一條 IKEA 薄毯，他才從四川青海四千多公尺高山回來，堅信自己的身體超能耐寒，度過三天後，他終於妥協想要買睡袋。吃了三天他自創的冷沙拉，雖然材料新鮮豐富，也開始想念熱食，決定今日無論如何都要買到瓦斯罐。我們之前經過的超市、家樂福都沒有賣瓦斯罐，終於問到了 Decathlon（原來就是迪卡儂）運動用品店有賣，在大城市加普 Gap 剛好有這家店。

一進入加普大城市，就塞在市區車陣中，他還沒完全適應在當地開車的規則，無論行人有沒有走斑馬線，是不是闖紅燈，一定要讓，要等行人完全過了馬路才能開動車子……圓環的車子要判斷誰先進先出……他也是第一次使用導航開車，真是辛苦他了。

在運動用品店待了快要一個半小時，幾乎看遍所有的商品，這裡的運動用品琳琅滿目，還有台灣看不到的，滑雪的、拳擊的、賽車的種類。城市人過著山林簡單生

埃格利耶爾野營地的木造古典休旅車

活後，也想以購買欲來滿足平衡一下，即使只有買些實用小東西還是很開心。他選購了兩支好用的扣式登山杖說回台灣爬山好用，結果他還是沒買睡袋，想繼續挑戰低溫吧？我們又上路前往下一站布里昂松 Briançon 。

這段一個多小時的車程，風景是圍繞著一座神秘大山轉圈，這神秘大山守護著一座城市，始終有一條雲龍圍繞著山頭，我們的車程就像 3D 立體圖圍繞著這景象轉圈。

剛到南法三天新鮮的興奮劑情緒彷彿過了，很快就隨著身體疲累有不同變化，我依然努力捕捉車窗外的美景，他依然專注開車，但很微妙地感覺彼此都升起悶悶的情緒，像小孩子鬧脾氣，問他什麼，他都說不要，而他做的每件事我都有意見，碎碎念、煩累不滿就會想用物質層面補償。我今天非常想要住露營區洗熱水澡，偏偏車開到了埃格利耶爾 Egliers* 時，他看見了一個野營地就立刻轉了進去。

營地中間有一棵很大的樹，是這裡的守護樹，樹旁停了一輛木頭打造的古典精緻露營車，整個營地被大樹群圍了起來，一側是黑森林，另一側是有小孩騎馬的小

* Egliers 埃格利耶爾野營地（見附錄：露營區資訊 P.238）

通往野營地的標誌：小孩、小貓、小狗和小豬都可以一起玩的營地

路。我馬上被這個營地吸引，忘了今晚不能洗熱水澡的事實，這裡天氣乾燥不會流汗，即使三日不洗澡，沐浴在充滿松香的森林，衣服仍是香香的。

他紮營後立刻騎車出去探路，其實是想快點逃離朝夕相處的情緒雜波。畢竟我們各自獨立遠距生活了十年，要突破這樣的平衡並不容易。他回來時竟然牽了一輛非常美麗、紫色的壞掉單車，說這輛車很可憐，在路邊都被草纏住，要帶回台灣修理。瘋啦！怎麼可能？我想起去美國旅行時，看到有家人放了摔車往生騎士的單車在出事地點來紀念他，便不同意他這麼做，而且也許是什麼特殊原因放在那裡，也是別人的車啊，要他理智想清楚。

他看到本質好卻破舊的單車就想拯救，是單車靈魂的治療師，但有時太著迷執著，感覺他有點被迷惑了，我也感到這單車散發誘人魔力，而我們自己很混亂。他悶悶地不說話，過了一會兒清醒後，他才說應該是人家丟在路邊有紀念指標的單車，依依不捨地送回去。

我也藉故離開，獨自走路到外面小鎮尋找網路加值的可能，沿路欣賞風景，我好愛看著南法的大樹。一位帶小朋友們騎單車的教練跟我打招呼微笑，我也回應微笑，笑的時候才知道我的臉是苦的。

居然在小鎮的一家 Hotel 裡面，只有 2 坪大小的 Tabaco 可以網路加值，加值後老闆好心地幫我用電話確認（全是說法文，我完全聽不懂啊）。恢復網路後我又開始看手機，而他滿腦子想著那輛單車，各有所思。

夜晚，鄰居升起火，我們也跟著升火，這是野營的好處。我望著火堆、看著森林、大樹、星空，忽然颳起了大風，大風讓整個樹林都唱起歌來──大自然如此和諧，而人心不安和焦慮是來自哪裡呢？為何人有這麼多的欲望呢？我不自覺地召喚了四方空間，感覺自己好像又飄出去，偷聽樹林裡精靈的聲音，在說什麼呢？哦，原來這是座魔法森林……進入夢境，好多外國人和不知名的生物……。

第二天，魔法森林就把我改變了。

野營地附近的樹牆，像是阿凡達樹家族，好瘦高啊！

Day 5

2017/8/11 星期五

鐘樓怪人遇見馬

鐘樓怪人遇見馬

清早，聽到他在外面準備早餐的聲音，我準備要起來，但感覺臉很奇怪。「明宗！明宗！我的右眼睜不開了。」

他跑來看。啊！我的右眼上方腫起來，壓迫到眼睛睜不開，我拿手機當鏡子看，哭笑不得，魔法森林把我變成鐘樓怪人了。但真是太好了，今天可以不用開支援車。

今天他要騎第二站，今年環法賽才新設的路段 Col d'Izoard，由於是新的賽段，他也不太熟悉，他準備出發時，看著我的表情有點擔憂，我還是用力睜著腫眼幫他拍照。

沒事的，去吧！

他走後，我把帳篷檢查一下，沒看到什麼蟲，也將所有療法和祈禱都做完，知道發生這樣的狀況是要我安靜下來休息，又睡了一覺起來，感覺腫的地方在擴散發熱疼痛，心想在這種「見不得人」的時刻好好躲起來就是，但上天自有安排。

五個小時後，他回來了，這趟路程比較遠，他也沒有手機可聯絡，我也沒什麼擔憂。我們十年來的遠距離生活早已訓練對彼此必須放心放下，雖然有時還是會掛心，但大多時候是信任彼此是平安的。他看著我的眼說好像更腫了，我們決定等下就去藥房買藥。

這時有一輛房車拖著一個拖車開到我們旁邊空地，我看到拖車的小窗戶裡露出兩隻耳朵，我顧不得腫眼，立刻跳起來追過去看。哇！是馬耶！一位很靦腆，身材像騎師的先生過來跟我們用法文夾雜英文說等下會有十匹馬進駐在我們周圍可以嗎？我說當然可以！我非常喜歡馬！他看著明宗，還問我們是不是西班牙人？！他去日本時有人以為他是日本人；去新疆被當作新疆人；去西藏，人家跟他說扎西德勒；這次居然是西班牙人，真是太有趣了。

不知道他們這些馬是要做什麼？野營地附近有露營馬場，也有提供馬讓小孩子騎，難道他們是跑單幫讓人付費騎馬的？我大方地說我們帳篷右邊的空地也可以讓馬住，那裡的草比較新鮮，好像這森林就是我家，停車時，我都一直怕他壓到地上的小花小草呢。

去藥房買藥時，藥房小姐看到我的臉用英文問我是被什麼咬的，前一天是有被蚊子咬，但沒有腫。問之前有沒有過敏，我說沒有，後來想到曾經有被小黑蚊咬抓

鄰近營地的小孩跑來和馬兒說話

破紅腫一週的經驗，我想要買擦的藥膏，但她說不知道被什麼咬，不敢給我擦的，就給我草藥類的抗過敏藥吃，像糖果一樣，兩小時含一顆，最多一天不能吃超過六顆，還有像是生理食鹽水洗眼睛，但我搞不清楚是眼睛外還是內，在這種看不懂藥名的狀況下也只好信任了。她說如果一天沒好還是要去看醫生，我告訴自己一定會好的。

離開藥房後，我們去家樂福採購食材，我買了一大袋紅蘿蔔，他以為我要治療眼睛，其實我是要去餵我們的新鄰居。回去營地時，已經有七匹馬了，主人同意後，我就過去餵馬，明明眼睛腫的跟豬頭一樣，還到處跑去跟人交談，呵呵！還好他們很愛動物，沒被我的臉嚇到。一位英文不太好的女士很認真地想跟我交流，雞同鴨講了一會兒實在談不來。另一位英文不錯的女士像是領隊，但她很忙，他們圈好馬後，用繩子圍起臨時馬場。馬兒們都很害羞，比較熟悉的兩匹會擠在一起吃草，或躲在樹後面，可能也是經過長途坐車的旅程需要恢復。照顧馬的人很忙碌，他們必須走到一百公尺遠的

馬兒很敏感害羞

小溪拎水回來給馬喝，還要準備飼料和牧草，但馬兒們還是喜歡吃草地上新鮮的草。快要天黑時，另外三匹馬和人到了。十人十匹馬，到底他們要做什麼呢？他們忙來忙去，我也不便過問，只是在旁邊看著美麗的馬兒們就好開心。明宗專注地準備他特製的晚餐，偶爾偷瞄附近的人和馬，他明明是人馬座，怎麼會這麼低調啊？看不出來他有半點興奮，可能還在想那輛紫色的鐵馬吧！

夜晚，大家各自升起火堆，另一團早先搭營的朋友們在遠處彈奏著吉他，熱情地唱著歌，在十匹馬的圍繞守護下，這夜睡的特別香甜安穩。

安娜．瑪莉和她的愛馬——永恆的喜悅

山野騎士 第2站 伊索哈

約莫早上十點左右，在她目送的眼光中離開魔法森林營地，與兩天前不同的是，她今天的眼神有點怪怪的，不是含情脈脈那種眼神，也不是鼓勵加油的眼神，而是那種讓人看了想噴飯的爆笑眼神，因為她的一隻眼睛腫得跟豬頭一樣，腫脹的眼皮泛著一種難以形容的顏色，硬要說的話，大概跟病死的瘟豬差不多吧！從她的眯眯眼中看出去的我一本正經地告訴她說，別擔心，應該只是被什麼蟲子咬到，等我騎回來也許就好了。離開營地的彎道時我回頭望了她一眼，心裡頓時覺得好笑，她這個人就是這樣，對什麼事都充滿好奇，凡事都想碰一碰摸一摸，常常弄成一個奇怪的模樣回來。

今天要騎的單站是伊索哈山口（Col d'Izoard），沒聽過吧，連我自己也沒聽過，大會為了增加比賽的可看度，每年都會絞盡腦汁想出一些新的路線或難度來製造戲劇性效果，這條路線是從布里昂松 Briançon 出發，繞著一座很大的人工湖騎完之後轉入阿爾卑斯山 U 型谷地，最後爬上海拔約 2300 米的伊索哈山口，這是出發前在環法賽官網上看到的大概，是今年剛出爐的最新路線。

車子轉入 D902 公路之後沿著溪谷緩緩進入山區，路上行車寥寥幾輛，車行過後又是一片寂靜，沒有虔誠朝聖的單車客，也沒有熱烈鼓掌的熱血觀眾，只有公路彎彎曲曲指向寂寞的山谷深處，很難想像一個月前環法大軍才從這裡騎過，那時各車隊選手彼此爭先卡位，或是一些想拿單站冠軍的選手頭腦裡正計算著最佳的逃脫時機，各車隊間彼此的攻防策略精彩演出，透過攝影鏡頭及人造衛星傳送至世界各地，緊緊扣住全球觀眾的心。眼前這條曾是世界頂尖選手穿梭騎過的公路如今也只剩下風靜靜吹過而已。

前方山谷越收越緊，陽光照射在對岸灰白的岩壁上散發出鑽石般的光芒，對照此岸山壁下的巨大陰影，呈現出黑白色調的前衛風格，公路穿鑿在陰影庇護的山腰間，涼爽而舒適，騎著騎著彷彿騎回到太魯閣峽谷。巨大的岩石和剛硬的線條充滿著神秘而原始的能量，總是讓人的情緒一次又一次亢奮起來，環法車隊通過此峽谷時應該也感受到相同的能量吧，此時的我同時被峽谷和環法大軍匯聚的強大能量激盪，身體不自主地站起來抽車，而且很自然地騎出阿爾貝特・康

沿著公路 D902 的吉爾河拍照景點 Le guil

塔多 Alberto Contador* 的姿勢。公路沿溪谷緩緩向上，風從背後推著我向前，溪谷中泛舟的人們順著水流與我擦身而過，生命處處充滿律動。

公路離開溪谷爬上一片阿爾卑斯山大草原，草原上點綴著疏落有致的青翠杉林，林木盡頭聳立著巨大的阿爾卑斯山岩峰，簡單說整個景緻看起來就像是小時候看過的卡通《小天使》，我默默騎在王小蓮與爺爺生活的阿爾卑斯山路上，穿越草原上古樸的小城鎮，教堂上的鐘樓敲了十二聲鐘響，聲音彷彿是從中世紀穿越而來，迴盪在整座山谷中。後方三位車手一直跟隨在一兩百公尺遠的距離，既不超越，也不見慢慢遠離，這樣的距離剛好讓人有一種喘不過氣的壓迫感，你在和誰競爭呢？為什麼事事都要如此在意？

＊阿爾貝特．康塔多（Alberto Contador），西班牙自行車運動員，2011 年被查出服用違禁品，於是 2010 年所獲的第三個環法賽冠軍被剝奪，並被西班牙自行車協會禁賽。在 2014 年環法賽身為奪冠焦點的康塔多，兩次摔車小腿骨折而退賽。但他以驚人的毅力迅速恢復，兩個月後復出環西班牙賽，強勢奪冠。

我覺得自己變成了對方的獵物，想逃走又缺乏爆發的能量，不逃走又擔心對方不知何時會發起攻擊？陷入這樣的窘境是出發前始料未及的，但卻也是個性造成的，此刻我又陷入了人生中極度掙扎的局面，想要更進一步卻缺乏自信與豁出去的勇氣；若退一步又不甘心。就在此時，更後方竟然橫空殺出一位體態完美的年輕車手，輕易就超越了後方三位追擊者，然後再從我身旁輕輕騎過。當我望著他以令人望塵莫及的速度離去時，我已經沒什麼好在乎了，心終於獲得自由。

騎過小鎮後坡度明顯上升，約在百分之七到九之間，公路之字型穿梭在林中，偶然在彎道處可瞥見下方的山谷，完美的 U 型谷地鑲嵌著一座彷彿中世紀的城鎮，活生生從地理教科書中跳出來，越往上騎林木漸漸稀少，可以感覺到山口就在不遠處，不久後眼前出現一片剛硬參差的岩峰，荒涼原始景象散發出的能量再度激起了高昂的情緒，但我並沒有加速，仍舊以自己的節奏踩向山的凹口。

騎過一個山口後還沒有看到 Col d' 什麼的石碑，眼前仍是一片荒涼的岩壁，風化過後的砂土從山頂傾瀉而下，陡斜的沙土中兀自頑強站立著數十座堅硬的石柱，像是開國元勳站在山頭上睥睨江山萬里，公路以如臨深淵的危險姿態小心翼翼從他們腳下通過，在最陡的急彎路面上，彩繪著環法選手雙手緊扣車把奮力踩踏的圖像，Q 版的臉上張著大大一張嘴，急促吸著大量的空氣，寬闊的肩膀披著象徵登山王的紅點衫，從坡底到坡頂散佈著好幾個一模一樣的圖案，我看了打從心裡歡喜，力量也隨之湧現，過了這段危險的腰繞路之後才是真正盤繞山頂的公路，山稜線上隱約可見高聳的石碑，熱情的群眾就在石碑下的公路兩旁，等待即將出現的冠軍選手。

終於騎上伊索哈山口，當然沒有熱情的觀眾幫我歡呼打氣，只有天空散佈著幾片烏雲，我站在石碑下回顧這段路程，沒有驚險萬狀的情節，也沒有曲折離奇的不可思議現象，更沒有呼天搶地歷劫歸來的心情，一切都只是淡淡的，默默的，這樣還算是一趟精彩的旅程嗎？

前往伊索哈山口，D902 公路上。

Day 6

2017/8/12 星期六

五葉松的召喚和療癒

五葉松的召喚和療癒

清晨七點就聽見鄰居在整理的聲音，我趕快爬起來看，他們正準備整裝出發，英文不錯的領隊女士名字是安娜．瑪莉 Annemarie，她備好馬鞍就來跟我聊天。

他們是非常愛馬的騎士，每個人都擁有自己的馬並且自己照顧，一起成立了獨立騎士協會。隔一陣子就相約在某個地方，一同騎馬遊山玩水。有的從亞維農，有的從南法其他地區開車載著他們的愛馬來到集合地。他們在此地紮營，現在要騎馬出發去逛山區的幾個地方，會住在一些提供給馬客住宿的 guest house，五、六天後才會回來營地。她特別跟我說她的馬兒的凱爾特名字，意思是永恆的喜悅。

當我們知道彼此的年紀時都嚇了一跳，她六十五歲。當她趕快跟其他同伴說我們五十歲時，大家流露出不可思議的讚嘆聲。我心中才讚嘆，他們應該都是六七十歲上下，但體態精神都活跳跳充滿生命力。她告訴我她的職業是護士，要靠著運動和大自然來忘卻每天在醫院面對生老病死的痛苦，現在退休了，可以常到大自然走動。她問我在做什麼，我居然很有勇氣說我現在在寫作，她也和許多法國人一樣瞭解台灣和中國的關係，我們也談到人性中好戰卻又渴望和平的矛盾。短短的時間內居然能像遇見老友般聊了很多，她主動留下 Email 說可以寫信交換人生體驗，甚至邀我去她家住，她敞開的心和熱情分享讓我很感動。

最後我還是問了資深護士，我過敏的豬頭臉何時會好？她不以為意地說看起來很輕微，應該很快會好，我就心安了。不過我看到她的伴侶，一位六十歲左右的光頭男士，頭頂有一道約八公分新鮮帶血傷痕，仍舊精神抖擻活蹦亂跳的跑來跑去，也許他們就是凱爾特民族後代吧，都是勇敢的戰士，我的豬頭臉自然不算什麼呢。遇到的法國人都很友善，沒有人會以奇怪眼光看你或問你的臉怎麼了。感謝雨果先寫了《鐘樓怪人》，我好怕他們以為台灣人就長這樣，因為旅行到現在，我們還沒有遇到任何亞洲人。當他們牽著馬離開時，我想起有次靜心連結內在男人和內在女人，看見我的內在的男人是一名二十歲的年輕歐洲騎士和朋友們準備騎著馬要出遠門，目送著他們離去時，啊！多麼熟悉又親切的一幕！

在我跟安娜．瑪莉交流的同時，早餐「又」已經煮好了。自從有了瓦斯罐，他開始煮義大利麵、生菜沙

阿爾維厄小鎮的聖羅倫教堂

拉、法國麵包以及好吃的魚罐頭，當然還有新鮮水果，吃的越來越好，吃飽飽後，我們又依依不捨地離開這個魔法森林營地。

前一天他騎過美麗的路線，必會開車帶我再走一回。開車前往伊索哈山口，上路沒多久，經過一個美麗的小城鎮阿爾維厄 Arvieux 有陶藝市集，我們就下車來逛逛。很巧合地，經過這個小鎮的教堂時，鐘聲又響起。

教堂外就是墓園，他看到墓園就轉身走開。其實墓園和鐘聲的意義是一樣的，都提醒我們——噹噹噹！活在當下！活在當下！活在當下！

普羅旺斯陶藝市集的作品都很美，在這麼美的環境中創作怎能不美呢？看著看著我又想買，但是欲望很快消失。我們坐在長椅上看人，隔壁坐著一位手上拿著酒和麵包的法國男子，呆呆地看著過路的行人，他一定

阿爾維厄小鎮市集，可愛的小狗和小物令人心情開朗。

是買完東西，被眼前美景吸引就忘了回家，我們也是，美已經注滿了我們渴望的心，何須擁有呢？在法國山區可愛的小城鎮逛逛像嚐到好吃的甜點，有幸福甜美的滿足感，真正滿足了就不會想購物啦。

繼續開車上路，這段他已經騎過的 D902 公路，有些路段狹窄車多，感覺不太好騎，兩旁山景不斷變化，出現許多未曾見過的地貌，山頂立體柱狀岩石，會被選做環法賽山路段必定有它的特色，這麼辛苦冗長的比賽一定要有很美的風景和大山的能量加持單車騎士們。

到了伊索哈山口，海拔 2360 公尺，我感覺我的臉又浮腫了。我們在山頂的紀念商品店逛逛，鼓勵他買喜歡的紀念品，他獨自又完成了一站，真的很棒！我好像無功不受祿，也沒了買紀念品的欲望。

在這裡上了一個松木香噴噴又環保的廁所，廁所內附有木屑，好像貓砂盆那樣，還有詳細說明請男士們坐著上廁所而不是站著。

開車下山途中，他選了一個視野開闊的山坡吃午餐，我先吃完，就被一個召喚牽引著往上走，好像有誰在那裡等我。這個野草山坡很陡，我緩緩地向上移動，邊拍些花草，看到很多土撥鼠的家洞，山頂上有個高聳的柱狀岩石好像一座燈塔，又像是一座莊嚴的神像，吸引

D902 公路奇特的岩柱景觀

我一直抬頭仰望，但我知道不是他在召喚我。回頭看，車子越來越小，爬升約一百公尺高度繼續向上爬，轉了一個方向看到在上方有一棵大樹，就是祂！四周都是森林，每天我們路經成千上萬的大樹，為什麼會跟這棵樹有連結我也不知道，就像之前的柳樹阿嬤和魔法營地的大樹一樣，我聽見他們的召喚就前去親近他們。

這棵碩大的五葉松樹生長在非常陡的坡上，他是閃閃發亮獨樹一格的，身旁沒有其他樹。他讓我靠在他的身上往山頂看，我立刻感到身心放鬆開來，他正在療癒我旅途的疲憊，閉上眼休息夠了，他跟我說可以去拜訪上面的小樹林，是他的家族，我再往上爬去和五葉松家族打招呼。向上方再次仰望如神像的柱狀岩石，看到一個很小的人出現在柱狀岩石的下方，竟是明宗，不知他何時上到那裡去的？有種時空跳躍的感覺。

回程下坡我有些害怕，坡度太陡好怕滾下去，他牽著我一步步、慢慢地向下滑，再次走到五葉松大樹面前，合掌感謝大樹的療癒和祝福。上路後，我感覺眼睛已經消腫許多，精神非常好。

今晚的營地距離布里昂松不遠，海拔約 1500 公尺的 Camping les 2 glaciers，總算住進阿爾卑斯山區了，遠望山頭還可以看到積雪，又是滿滿豐盛的一天。

在高高的山上呼喚我的五葉松大樹

INRJ

Day 7

2017/8/13 星期日

該我朝聖了

天堂之路拉多謝

昨天的營地有駿馬，今天的營地名字是兩個冰川露營區 Camping les 2 glacers* 有羊咩咩，原來羊真的會爬樹，踩在樹枝上盪來盪去不知在吃什麼？其中一隻還踩在另一隻身上。拍照時，他們忽然都停下來望著我。我想起好久以前曾在朋友的陽明山上牧場認養的一隻小黑羊，以我的小名命名，想不起後來小羊怎麼了？他們的眼睛定定地望著你，像是開悟大師看穿了你所有的把戲，嘴角不停咀嚼著又像是在笑你不懂啦！

兩個冰川露營區的面積很大，設備非常好，廁所有暖氣，也有插座充電。雖然廁所淋浴間距離我們的帳篷很遠，但是在美麗的冰川山腳下走來走去，看看其他營地的人在做什麼，是一大享受。腫眼後的體悟是宇宙給什麼都欣然接受，都是應得的，不要視為困境或障礙，只管繼續前行。如果得意忘形，宇宙也自然會提醒修正。

今天應該是上帝創造萬物後的安息日，我們卻無法安息，他要去騎第三站加利比耶 Col d'Galibier（我們

* Camping les 2 glacers 兩個冰川露營區（見附錄：露營區資訊 P.238）

可愛的三隻羊在樹上盪來盪去，又吃葉子又玩樂。

都唸成嘎哩逼耶），是環法賽最重要的經典路段，也是海拔最高的一站。他將車開到小城鎮外旁邊有溪流的停車場，要我就在這小鎮散步休息。我查了 Google map 顯示他要騎的這段路程，單車來回要四個小時，那麼我可以獨自活動的時間應該就有四小時吧。

他出發後，我就東張西望看到很多人都健行裝備齊全地往小鎮方向走去，之前他在運動用品店買了兩支登山杖，原來就是剛好給我現在用的。我就有樣學樣地帶著一支登山杖跟著健行客們走進小鎮。健行的路線是穿過小鎮通往 Col d'Arsine，到現在為止出現了很多 Col d…… Col 的意思就是隘口或山口，也是那段山路的最高點，因為許多環法賽路段終點都是設在最高點，好狠哪！已經拼命騎了一兩百公里，最後還要爬陡坡。

難道說這次我也可以自己走路完成一個 Col ？一絲念頭閃過，我已經大步大步地向前走去。

哇，這條路開始就有白嘩嘩的清流相伴，我的心雀躍不已，一路走一路笑，直到開始第一段爬坡，我很謹慎地小步慢下來，讓心肺調和一下。健行是此地的全民運動，大人揹著一歲嬰兒、牽著兩三歲娃兒、小學生、中學生、青壯年男女、七十、八十歲阿公阿嬤各種年齡層全都出現了，也都一一超過我了，這樣連續的爬坡居然是這裡最初階的健行路線……我是不是太弱了？大概才過半小時，我看到一個美麗的休息點就停下來，決定今天走到這裡就好，明天再找他一起來吧。

才轉身下山走沒幾步，雙腳又自動轉上山去，腦和腳持相反的決定。繼續走後才知道此行不虛，每走過一陣爬坡，眼前的美便觸動我的心輪，讓我安靜下來，那條白龍飛溪始終在我的左邊右邊出現，有時波濤洶湧；有時細膩溫潤；有時不見蹤影又忽然出現在前方奔騰；有時她又幻化成回眸一笑百媚生的少女。我慢慢地爬升欣賞，也忍不住一直拍照，健行客們都是兩兩作伴或一群好友邊聊邊走像在公園散步一樣。這裡的景色完全不同於我的家鄉，好想立刻分享給在台灣的家人朋友。

走了快兩小時，如果走到阿支尼山口 Col d'Arsine 要爬升八百公尺高度，大約四小時來回，我是不可能走完的，只打算走到路程一半的 Lac de la Douche，唸起來像是拉多謝的地名，只需爬升四百公尺。眼前出現指示牌還要再走半小時才到拉多謝，到底要往上走還是趕快回頭呢？自責的聲音出現，你真是個容易輕言放棄的人……忽然明白疲累來自於頭腦的算計吵鬧，立刻歸於中心，調節呼吸，慢慢地走，陡坡開始變成平路了，冰川出現在左上方，此生第一次距離冰川這麼近，前方出現了像藍色牛奶般的湖水。大多數健行的人們停留在湖的周圍休憩玩耍，少部分的人繼續再向上爬。想到聖經提到的上帝應許之地有流奶與蜜……這兒就是吧。看著遠處朝向阿支尼山口的路，人像小小螞蟻般移動著，我明天會上去嗎？明天的事明天再想。

休息了一下，拍完照又急忙衝下山，算算時間他三點會回到車子，花了兩小時多上山，要在一小時內衝回去，總覺得這兩天好像一直忘了什麼事，又餓又累什麼都想不起來，連滾帶爬真的一個小時衝回到停車場，看見他的安全帽已經在車子引擎蓋上，過了十多分鐘，他出現了。十年來第一次看他這麼生氣，因為他兩個小時前就回來了，今天是爬坡最辛苦的一站，他餓壞也超疲累，但車鑰匙在我身上，我也又餓又累，連忙道歉再道歉。但白目的我還是不小心補了一句：「可是 Google map 顯示騎單車要四小時來回耶！」他的臉色更鐵青難看：「我！我又不是一般騎士⋯⋯」

噹！我終於想起來我忘了什麼，我是來當支援組的啊！噹！噹！噹！

吃過飯後，他就氣消一半，我觀察肌餓真的會攪動人深層壓抑的情緒，所以偶爾攪動一下也好。我問：「你覺得我是豬一般的隊友嗎？」他笑了，說應該還不至於。嗯，我感覺他還是蠻壓抑的。

我跟他說起天堂之路拉多謝有多美多美，他說應該等他一起去，我說想證明自己也可以走到一個 Col，結果還是沒走到。吃飽後，他又開車載我去一趟嘎哩逼耶

回眸一笑的三岔河，她的名字是 Le Petit Tabuc。

山口 Galibier ，我們唸成嘎哩逼耶時，好像一種什麼運動提神飲料。嘎哩逼耶山口的高度是海拔 2650 公尺，我們的營地位在一千五百公尺，開車上一千一百公尺再下來，一天之內上下四百公尺又上下一千公尺，難道是為了將來去喜馬拉雅山健行的集訓，一絲牡羊奇怪的登天念頭又來了，真是的！

嘎哩逼耶不愧是最知名經典的賽段，除了是海拔最高賽段，眾山神圍繞俯視，道路像蛇般迴旋蜿蜒而上，山坡點點牛羊，清脆鈴聲隨風傳送在山谷迴盪，仰望看見冰川，他說是同一個山頭的另一側，幾十年的山野訓練，他認山如認人的功力甚深，但無論他怎麼解釋方位，轉了幾轉後，我就以為看到的是另一個山區，他準備了十年或者一生的嚴格訓練才能來到這聖境暢快飛騎，而僥倖的我只是假藉支援之名就站在這裡，不但讓選手自己來回騎完，還讓選手餓肚子，選手還要載支援者上來看風景……

此時升起很大的感激和慚愧之心，只有努力擔任攝影師來彌補，還有同意今晚就在公園停車場野營。為了讓我錄影，他只好騎下山一大段再衝上來，一鏡到底，老天剛好安排有超越其他單車騎士和機車騎士追擊他的畫面，我很謹慎地錄影，可不敢喊 NG 了呢！

加利比耶的壯麗風景

山野騎士　第3站　加利比耶

在她目送眼光中離開清溪營地，從田間小路轉入 D1091 公路後正式進入環法大賽的軌道，自 1911 年加利比耶山道首次於第九屆環法賽登場，至今已超過一百年的歷史，當時路況極差，都是沙石路面，單日賽程長達三百公里，而且選手騎的是沒有變速裝置的鋼鐵自行車，大會將終點設在標高 2556 公尺的隧道前，其難度令人難以想像。隨著隧道的封鎖，在 1976 年之後，終點改到更高的 2645 公尺，可稱得上是環法賽史上最高終點，即使是一個世紀後的今天，自行車科技已今非昔比，在騎乘了兩百公里後，加利比耶仍高踞在雄偉壯麗的山景前方，依舊被環法選手們視為難關。

遠在東方世界的車迷們只能憑藉環法賽轉播一窺加利比耶山道的雄偉壯麗，或從雜誌裡透過攝影師鏡頭捕捉到鬼斧神工的山勢，外加自己的想像，奠定加利比耶在心中的神聖地位。 一如法國的其他環法賽山道，這裡也是單車客的朝聖道路，不管是獨行的，還是三五成群的，都各自懷著自己非去不可的心情，潛行在通往加利比耶的羅塔雷山路上，景其實是很壯麗的，可是從眼中望出去的景象受到先天空間向度

的限制，無法呈現出該有的波瀾壯闊，只感覺到公路緩緩慢慢指向遠方寬廣的山口，有節奏的踩踏，規律的呼吸，像注射了麻醉劑，痲痹了神經應有的敏銳，也痲痹了大腦應有的知覺，不知身在何處，只感覺到踩踏的節奏。

過了羅塔雷山口 Col du Lautaret 後，公路急轉直上，坡度提升至百分之七到九，路面狹窄沒有設護欄，隨著高度變化，視覺上的空間向度變得立體許多，身體的神經也即時連線接收到大山發出的訊號，危險啊！千萬要小心！山道的難度提升了，同時身體的內在意志也被激發出來，意識超越了身體飛上了天空，這才清楚看見了整個加利比耶山道的氣勢，層巒交疊的岩峰間散佈著破破碎碎的冰河，赭黑的岩塊襯托出冰河的潔白，潔白的冰河彰顯出岩峰的灰暗冷峻，像是光明與黑暗永無止盡的戰鬥，加利比耶山道以大無畏的精神蜿蜒劃過千年古戰場，我看見自己以從容的態度馳騁在通往古戰場的道路上。

加利比耶山道中最為人津津樂道的賽事是 1998 年的義大利選手馬可．潘塔尼（Marco Pantani）與德國選手揚．烏魯利希（Jan ullrich）的決戰，曾於當年五月奪得環義賽冠軍的潘塔尼為了挑戰環法賽二連霸的烏魯利希，冒險在雨中展開攻擊，並在追上領先集團後率先通過加利比耶山口，最後奪得優勝。

另一次精彩的賽事是 2011 年的環法賽，主辦單位為了加利比耶山道百年紀念，首次將衝線點設在標高 2645 公尺的山口，爬坡好手安迪．舒雷克（Andy Schleck）為了搶奪黃衫，冒險在最後七十公里賽程中提前發動攻勢，因為離終點還有很長的一段距離，各車隊主將為了保留戰力沒有跟上，任誰也沒想到舒雷克的攻擊行動不是假動作，是對黃衫的孤注一擲，當各主將發覺不對展開追擊時，時間已被拉開四分多鐘，最後舒雷克以領先兩分多鐘的時間差成功拿下該站冠軍，總成績提升至第二名，跟保住黃衫佛克勒（Thomas Voeckler）總時間差只有 15 秒，極可能在下一站打敗佛克勒，奪得黃衫。此時所有的目光都集中在法國黃衫選手佛克勒（Thomas Voeckler）身上，苦戰的佛克勒為了保住黃衫的榮譽，以幾近瘋狂的踩踏，榨乾身體所有力量，終於守住 15 秒的黃衫優勝。佛克勒衝過終點線的畫面真是經典，他沒有說話，也沒有驕傲的表情，整個人看起來疲累不堪，但疲累的臉龐下透露出一絲難以察覺地滿足。在加利比耶山道上，我邊騎邊回想著 2011 年這場精彩的比賽，就像追劇的戲迷不遠千里到劇中拍攝過的場景，重溫劇中的情節，從中獲得一些生命的連結，好讓自己在這場戲中有個確切的角色。

從加利比耶望向冰山

Day 8

2017/8/14 星期一

内在冰川之旅

痛苦之路拉多謝

今天他說放假休息一天，跟我健行去阿支尼山口 Col d'Arsine。他不是誇言，他上個月剛爬完台灣的幾座高山，又剛走完四川貢嘎山、四姑娘山等四千多公尺高山健行，走這樣初級的健行路線真的算休息。對我而言，則是需要突破。昨天才上下四百公尺，今天就要上下八百公尺，尤其是兩天連續爬山，缺乏運動的我不太可能以體力完成，應該是靠超能力吧。

十年前我們在天祥山中相遇後，我們的遠距感情讓彼此突破了許多無法想像的身心限制。有時我是他師父，毫不留情地剖開他躲藏的殼；有時他是我師父，一語刺穿我藏在心中的晦暗；每當知道彼此重要的轉化時刻來臨，總會適時退開讓對方看清自己，又默默地守護著彼此。一路上我們沒什麼交談機會，他依自己的速度總是走在前方，我也總是依我的速度緩慢地移動。

大自然洗滌人心時像面純淨明亮的鏡子，照出人們興奮喜悅美好的一面，也照出幽暗不安痛苦的一面。人害怕觸及不安痛苦的那面，伴侶之間卸下虛偽的防護，就是習性的情緒，能有覺察力不投射給彼此很不容易，越

累就越顯露出本性，而本性外圍厚厚一層都是投射的情緒，如何能突破這層情緒，我們努力了很久很久，可能好幾十世吧。

或許是因為這段天堂之路夠長，或許這趟就是尋求源頭之旅，過了昨天我抵達的上帝應許之地，後面的考驗才開始，感覺心中有很深的苦被巨大能量攪動著。我故意稍微誇張地走得搖搖墜墜想討得安慰，換來卻是他對我平日不好好鍛練身體的擔憂和生氣爆發，出口批評和比較，我也立刻反擊兩句，然後氣脈亂掉。我們都覺察著，他又拉遠距離了。我緩和地走著走著，心平氣和了。看到他像精靈一樣飛到下方溪流中的美麗綠色小島休息。

人的內在總是充滿很多古老的情緒，自己都還來不及釐清澄淨時，兩人的情緒就胡攪蠻纏一起。我們彼此都太過敏感地需要獨處沈澱的空間，有時想要依附彼此的心升起也會互相斬斷，好像兩個勢均力敵的忍者在練功一樣；有時兩人一起進入了無為寧靜的愛，無分別地融入彼此。這樣奇特的遠距關係竟也走了十年。

他時常勸我要每天養成運動習慣，不然到了高山，也沒有辦法舒服地享受風景。他是每日規律一點一滴地運動打通筋骨強健身心，而我常是以修心內觀為主，也知道自己會找藉口用能量來取代身體的運動，現在能體會到他說的身心無法自在享受的滋味。

越靠近冰川腳下，越看見內在的難受，感覺身心都好辛苦，於是我開始祈禱，一開始是抱怨上天為什麼讓我在這趟美麗的路程會感受這麼苦，老天給我看了幾朵黃金花，分散了我的抱怨。走沒多遠又感受身體的累，心又苦起來，我祈求不要讓我那麼苦，上主在炎熱的路段給了我一棵遮蔭的樹，還看見一隻可愛的黃金鼠跑來我面前打招呼。瞬間我的心感到清涼無比，甚至笑了。

走著走著又感到心中無明煩躁升起，我又問上主是否一定要這麼沒完沒了的苦才能上天堂，這時高原樹叢中出現了一隻像狗一樣大的土撥鼠從我前方飛快地跑

上：通往阿支尼山口的路上看到的美麗黃金花。
中、下：溫度很低的拉多謝湖，有一兩人勇敢地跳下去。

掉。我哈哈哈地笑出聲了！

終於抵達 Col d'Arsine 的指示牌，平靜的心和疲憊的身體讓我呆呆地望著四周，他幫我拍照時露出一些諒解的神情，我們的心正在同步，我們望向冰川上方延伸更冰冷的山路，仍有少數人繼續向前行，一山還有一山高。這個 Col 只是登頂其中的一個點，問他要不要繼續向上，我可以在這裡等他，路牌寫著來回大概一個半小時，他說上面的景觀沒有很好就不去了，我知道這是他對我的體貼。

下山時，望向一路相伴源源不絕的流水，忽然明白了我的祈禱就像累世的習性是個迴圈，頓時放鬆下來。下山時還是感覺到他的緊繃，努力到最後，知道我們是如此的渺小，放下了想讓一切都完美的努力。在內心祈求上主打開我們兩人的心，照亮我們的意識，讓彼此有愛，一路我們安靜不語地下山。

走回到入口的指標牌，他忽然柔軟下來，稱讚我最後走得很好。這時有路人主動來幫我們拍照，他很溫柔地靠過來跟我一起拍照，說話語氣也改變了。接下來，我的手機忽然螢幕黑了，再也無法開機！對於上主幽默的一切安排，我忍不住在心裡大笑起來，感謝上主！

接下來就是沒有手機的日子了。

如牛奶般的白龍飛溪 Le Petit Tabuc

四海一家

他喜歡住帳篷，是因為不喜歡住在悶悶的房子裡。他喜歡野營，是因為要享受尋找大自然營地的樂趣，好像找到大地媽媽給你的禮物。但我不完全是。

我多半時間在都市有自己佈置舒適的挑高小屋和溫暖軟軟的床墊，現在住在一只小小的雙人帳篷中，躺在無法充滿氣的薄睡墊，半夜脊椎痛醒數次，也不能在自己的廁所如廁，剛開始每天晚上都會冒出我不要再像遊牧民族一樣流浪的念頭。遊牧民族還好，是隨季節拔營的，我們最多同一地點不會超過兩晚。人是習性的動物，一點也不假，面對習性被改變，就抗拒就生氣。

但事實上是我在森林中如廁反而更舒暢，出國前身體發炎的狀況完全都好了，牙齦問題也好了，每天都啃著法國麵包。我越來越意識到每天大自然都用強大的療癒力修復我的身體，那不舒服是哪來的，就是不想被改變的情緒，認清了這點就鬆開了，可以一覺到天明。

現在是歐洲人旅遊旺季，露營區可以聽到法文，德文，西班牙文等等，除了第三天的怪小孩露營區，大家都很尊重彼此隱私，如果你先在此地搭營，其他人會在距離你夠遠（最少 20 公尺外）的地方搭營，給彼此很大的空間，見面點頭微笑，不會干擾。幾天下來，我們住得越來越放鬆自在。

拉卡斯 Le Casset 是個可以停露營車的公園，旁邊有激流溪水，也有公廁，有個小涼亭，樹林裡兩處有桌椅，是絕佳的野營地。第一晚我們在涼亭用過餐後，客氣地將帳篷搭在停車格中，早上起來看到兩位義大利人在涼亭內用餐，車就停在涼亭旁邊，帳篷也直接搭建在涼亭旁。

我們則是在停車格的紙箱餐桌上用餐，他們遠遠地跟我們揮揮手，我也點點頭。早上八點多，他們用完餐後，整理手邊幾十公尺的繩索，放進小車後就開走了。

走完天堂之路手機沒電的晚上，我們在涼亭用餐後，也學義大利人將帳篷搭在涼亭旁，汽車停旁邊。所有露營車的人都回到車上休息，公園夜深人靜。

當我們躺在帳篷中，進入睡眼朦朧的狀態，聽到有人說話的聲音，越來越近，就在我們帳篷頭上，是義大利文，是那兩人回來了，正在搬東西到涼亭用餐。我的警戒線立刻升起，偷偷掀開帳篷看到他們把車貼著我們的車停，想要他們小聲點卻不敢，但又生氣，覺得他們很沒禮貌。我搖醒他問要不要換地方，他說等十分鐘看看，他們應該很快吃完晚餐就去睡覺了，我說別開玩笑，義大利人吃晚餐至少一兩個小時。我話還沒說完，他已經開始打呼了。我又豎起耳朵想聽懂他們說什麼，邪惡的腦袋開始聯想那些繩子是做什麼用的，難道他們要偷我們的車，義大利人很多是小偷……反正錢和護照在帳篷內……他們的語文真是好聽啊……我居然一覺就睡到天亮了。

清早，他把我搖醒說起來換地方吃早餐，我沒好氣地起來收睡袋用品，一出帳篷就看到眼前一位義大利人也拿著未打開的早餐箱子放在涼亭桌上，他們搭營在前一天我們搭營的停車格中。沒錯，就是他們兩人昨晚在我們的頭上方聊天的。

我們換到比較遠的樹林桌子用餐，我發現自己還嘟著嘴，這就是動物護地盤的本能，被侵犯界線的情緒警戒，這麼原始，這麼粗糙。我遠遠地看著那兩位義大利人，到底為什麼夜晚才出沒，又帶著這麼長的繩索，明宗說或許他們是攀岩專家，因為這裡是阿爾卑斯山系健行登山路線著名的入口。

忽然兩輛廂型車擋在我們和義大利人中間停下，許多年紀在三十到六十歲之間的人下車脫衣換泳衣（清晨氣溫約十五度左右）又穿上防寒衣然後丟出打氣筒開始充氣，是充氣式獨木舟。對了，旁邊我們洗餐具的激流就是泛舟的通道。在大自然的晨光微笑中，人們充滿朝氣、活潑潑地進行各種生命活動，這晨光、這激流、這樹林不屬於任何人，但誰都能享用，大自然無私地給予我們一切，而我卻因為睡眠被打擾而小心眼，還懷疑義大利人的動機，涼亭又不是屬於我的。我又偷看那兩位義大利人，他們仍是淡定端坐地聊天吃早餐，不去看旁邊熱鬧的團體，的確他們有運動家的氣勢。

當我們正要離開這個營地，就在開車經過他們時，我忽然想到他們要吃早餐時留了一半的桌子，而且等我們離開才打開餐盒的小動作，他們會想跟我們擠在一起，正因為他們是義大利人啊，跟台灣人一樣熱情的義大利人啊！或許就因為同樣是異鄉人，他們似乎特別關注我們，這時他們也轉頭目送著我們的車離開，我搖下車窗向他們揮手道別，他們立刻開心地高舉著手揮舞，我感到四海一家的熱情向我們傳送過來，泛著淚在心中向他們道歉並感恩這段相遇和教導！ Ciao！Ciao！

Day 9

2017/8/15 星期二

陰錯陽差豬隊友

二傻歸隊

當我們還在台北打包行李時，討論要不要帶兩支手機，但平常他就沒有用手機的習慣，最後他還是沒帶。現在我的手機當掉開不了機，原本我的任務和功能是在當地用英語溝通，還有使用手機導航。山區小村小鎮根本遇不到幾個人，加上他們也不太會說英文，只要比手畫腳也可以交流。現在手機沒了，我更不用看導航和找資料和拍照，雖然還有一台友人借我的相機，但我已經充分感受到自己無用的狀態，並很快接受這個事實而且感到放鬆，我深信上天就是要我們放鬆信任的，哈哈哈！

今天他要騎第四站經典路線於埃 Huez，二十一個髮夾彎賽道。如果他自己從營地出發騎來回最少要一百二十多公里，我左閃右閃還是要擔負開車的任務，這樣他可以少騎一半的車程，他要我直接開到於埃山腳下等他。

他平日很少使用手機，而且他的手機甚至還不是智慧型手機呢。他一直問我，為什麼你的手機也沒摔也沒泡水會忽然壞掉？我說 3C 產品就是這樣的啦，你就看紙本地圖好啦，當然我還是有一直試著喚醒手機。他很認真研究地圖，然後亂按車子的螢幕時，我們才發現有導航功能耶！只不過是法文的。按來按去發現導航會顯示我們所在位置的地圖，但還是沒搞懂怎麼使用。射手加牡羊總是迫不及待地奔向目標，所以剛拿到車子時也沒有花時間研究車子配備，此時也是，他立刻就要出發。

你知道自己的位置就好，他說。

我緊張起來，過去一週都是我在定點等他，現在我們要分頭出發，也不知道過了昨天走過的路口之後的城鎮長怎樣，那麼多岔路，路名也不認得也念不出來，五十、六十公里的路程，只要誰走錯一個彎，上哪兒去找人？萬一都找不到對方，會用英文跟路人說的清楚要去警察局嗎？警察聽得懂英文嗎？好了，不想了！最後就是決定約在過了兩三個大城鎮的入口前先會合。他要我晚點出發，這樣他就可以先到前面城鎮入口處等我。

我說好，但等不到十分鐘，我就開車出發，一下子就超過他了，那我就先去下個地點等他好了，但是到底我們要約在哪裡呢？忘了！忽然看到前方有個很大的岔路口像是個城鎮入口，就往前找個他一定會看到我的地方停下來，覺得自己挺機靈的，想說他應該要一會兒才到，我拉下鏡子看到眼睛幾乎快復原了，很高興地保養一下最近都不敢看的臉。不到三分鐘，從汽車後照鏡中看到他在另一頭停下單車一直張望，我下車揮手要他騎過來。

他騎過來的第一句話竟是：「我以為你會在路口幫我拍照啊！」

我趕快拿起相機幫他拍，然後不小心說出我不知道這是哪兒？

這是嘎哩逼耶的入口啊……他以無可救藥的眼神看著我，說前天就載我走過兩次……我想剛好我都在低頭看手機吧（手機壞掉前）他騎走時丟下一句：「真是豬一樣的隊友！」

啊！他總算釋放壓抑的情緒了。

我還做了件傻事，就是出發前吃了顆抗過敏的藥，前幾天吃藥都沒有感覺，這時感到自己飄飄然，開車也是飄浮的，法國人開車很快，不按喇叭卻會緊跟著你，我幾次想讓路，不是在彎道就是在不能超車的地方，對方一定也覺得我很怪，而且我好像不太會減速，有兩次輪子還壓到道路外，終於找到避車道停下來讓路，對方還刻意彎頭看看到底是什麼人在開車，被看過好幾次後就習慣了。

我想在這裡停一下等他好了，等了很久很久，他沒出現，我只好往前開，過了一個很長的隧道後，看到他在後方跟上來就放心了。我們後來核對，他早就在我等他的地方超過我，他看我低頭在幹嘛沒叫我，但是他在進隧道口前旁邊等我很久還對我揮手，我也沒看到他。就這麼陰錯陽差，我們又遇在一起，像極了我們的遠距人生。終於平安到達最後一個指定站於埃山腳下。

當接受自己是豬一樣的隊友，接受牡羊座也有膽小怯懦的一面，能量就立刻改變，二傻歸隊了。在這赫赫有名的二十一髮夾彎，我們都表現得很好。對於單車騎士來說，沒有三兩三，是絕對不可能上二十一髮夾彎，我也表現得像專業支援，每個避車道都停下來為他加油拍照。他展現超強爬坡力，不斷超越其他騎士，騎的非常漂亮，有參加環法賽的氣勢，一路直上，可惜這段沒手機不能錄影了。

當我先到達兩旁都是餐廳的終點線時有些呆掉，其他站都是到達一個隘口或山頂，由於這裡是於埃觀光滑雪場，所以終點是設在街道上。等他騎上來接近終點線時，只看到他慢慢騎而且東張西望，我叫著阿累阿累（法文的加油），感到沒有群眾歡呼的終點真是冷清啊！他聽見我的加油聲，趕快假裝低頭衝終點線，過了線……他尷尬小聲地問：「這是終點嗎？我以為還有兩個髮夾彎……」他一臉無法接受的樣子，然後呆呆地停在那裡很久。

我想起奧修禪卡「旅行」那張牌：

生命永遠永遠都在持續當中，它一直向前行，那裡並沒有最終的目的。這就是人生旅程，旅途本身就是生命，沒有要到達某一點，沒有目標，只是跳舞，並停留在旅途之中，高高興興地走，不要去擔心任何目的地。到達一個目的地要做什麼？沒有人去問這個問題，因為每一個人都試圖在生命中定下某一個目標，但是它所隱含的意義……如果你真的達到了生命的目的地，接下來呢？你將會看起來很尷尬。無處可走了……你已經到達了最後的目的地，而在旅途當中，你已失去了每一樣東西。你必須失去每一樣東西，因此，光著身子站在最後的目的地，你將會像白痴一樣，看著周遭，那個意義在那裡？你曾經辛苦趕路，你曾經非常操心，而這就是你的下場。」

~~Osho~~

因為還不太能接受人生第二願望這麼快就結束了，他還在終點站附近徘徊逛來逛去，看到有一輛掛在路旁的紀念指標單車就堅持要去把壞掉的鏈條修好才走，即

使旁邊 Pub 露天座的客人都看著他在笑，他也不在乎。修好後，幫他拍個照，他終於放下了，也真的很快！

如果一個人做自己喜歡做的事，朝目標認真邁進，就會有天助，人生第二願望完成後，老天多快送給他人生第一願望的助緣呢？答案是兩小時後。

雖然他還有第五站要騎，但他設定的第五站是隨選輕鬆路段，現在算是已經完成所選難度高的環法賽路段。我們總算能放鬆心情來到於埃山下的城鎮勒布爾杜瓦桑 Le Bourg d'Oisans。現在是下午一點，除了餐廳和幾家服飾店，幾乎所有商店都關門午休直到三點才開門。我們找到一家有戶外座椅的餐廳，選了坐在小河旁的位子。本地人大多數是點咖啡，觀光客都是點啤酒，我也想喝咖啡，但因吃藥的關係，還是改選冰淇淋。我鼓勵他點最想吃的，畢竟這麼辛苦完成了四段難度高的騎程。他翻來看去居然點了平常不喝的可樂，喝可樂有歡樂慶祝的感覺吧！

21 髮夾彎道上可愛的路標和圖案

我們悠哉地吃著冰淇淋、喝飲料，像真正的遊客一樣享受南法緩慢的夏日午後，一些人划獨木舟從我們身旁的小河流過。我們的心也隨著這個流動韻律而欣喜飛舞。放鬆後四處逛逛，小城鎮有很多運動用品店，也有單車店。當他站在一家單車店前，我感覺他整個心都熱了起來，那正是他生命夢想中第一願望的小車店啊！

單車店老闆的年紀大概五十上下，有著充滿熱情的待客態度和充滿喜悅的獨到設計，繽紛柔和色彩的店面賦予單車剛硬交通工具特別的魅力。老闆親手打造的每輛二手單車呈現不同性格和特色，他不但親手繪製設計環法賽相關紀念品，更是會做生意的熱心好人，主動給小折扣，送小贈品，勤快又有親和力。

剛開始需要我充當翻譯溝通，很快地他們就可以用單車語言簡單對談，我就離開去找遊客中心，發 E-mail 通知家人，由於手機壞掉，和台灣便失聯了。遊客中心的電腦是法文的鍵盤，和英文有些不同，搞了半小時才發出一封簡短的信給姊姊，請她將巴黎友人的電話給我，要等到下次有經過遊客中心時才能再聯絡姊姊。鎮上唯一可以修手機的 3C 店老闆也去度假，以前就聽說暑假時，法國幾乎人人都去度假。他在美麗單車店待了快兩小時，買了兩個配件，和老闆合照後，我們才心滿意足地離開。那麼下一站呢？

他居然往回開五十多公里，回去住三天前的露營區兩個冰川露營地 camping les 2 glacers，於是我們又要經過嘎哩逼耶入口一次，他對嘎哩逼耶真是依依不捨！問他最後一站要輕鬆騎的路線到底是哪裡？他說也許可以去騎義大利路線，也許可以去騎索村南方的 Gordes，也許去庇里牛斯山……也許……，人若沒了明確目標，活著真的不太容易，想法太多也就無法決定下一步。

睡覺前我無意識問了他一個問題，決定了我們接下來的路線。

山野騎士

第4站 阿爾普迪埃21個髮夾彎

決定騎環法賽經典路段時，我只約略和她說了幾個路段，其中之一就是阿爾普迪埃的21個髮夾彎，她自行上網偷偷查了資料，她說賈永婕的老公有騎過這一段路，我半信半疑地看她在網路上秀出來的照片，果真是21個髮夾彎沒錯，她說路看起來很險，感覺隨時都會掉下山谷，我說那是相機拉近鏡頭的效果，搞不好路又寬又大，她不信，以為路會像照片上一樣垂直向上疊高，最後我也無法辯解，因為我也沒騎過，不過心裡還是這麼想，這女人的頭腦真簡單。

今早我沒有在她目送的眼光中離開營地，因為我們要一起去證實21個髮夾彎是否真如照片上那樣危險，照例的我先把車開到大馬路上再轉交給她，在羅塔雷山道上，我向她交待會合地點時，車手們一個個精神奕奕從我眼前騎過，我把前幾天訓練有成的從容態度拋諸腦後，迫不及待想追趕上去，一方面又察覺到自己被撩撥而騷動的心，於是強迫自己按耐住內心的急切，像接受精神治療的患者，不斷對自己喊話，建立健康的新人生價值。

終於交代完很難發音的三個會合點後，開始了第四站的行程。羅塔雷山道一如昨日，緩緩慢慢指向遙遠的山口，從加利比耶山道滑下來的騎士以飛快的速度與我擦身而過，我並不羨慕，因為昨天我也體驗過這種快感，以前看環法賽轉播總驚訝於選手為何能以最高齒比高轉速踩踏，時速高達八九十，甚至破百！及至昨天終於發現法國公路某些路段緩而不彎，陡而不急，可下坡時衝刺，又不致太危險，所以昨天我也不經意地騎出了環法選手的下坡姿勢和速度。

這次來法國騎車有個奇妙的體驗，就是當你騎到某段經典賽道時，大腦自然會浮現從電視上看到的比賽畫面，你的騎姿自然會變成環法選手的騎姿，在風禿山 Mont Ventoux 我看見阿姆斯壯的背影，那一瞬間我的騎姿自然地就改變了，不須刻意模仿，好像阿姆斯壯就附在你身上。在伊索哈山道 Col d'Izoard 上出現的是康塔多的靈魂，加利比耶 Galibier 山道是舒雷克的姿勢，何以如此呢？或許在我的潛意識裡，就是想要變成那一類的人吧。

公路繞過幾個優美的弧度後又再度來到羅塔雷山口，我以為她會在山口用相機鏡頭來迎接我，於是我加快腳步以衝終點的姿態騎完最後一個上坡，結果除了車來車往之外，什麼也沒有，不是說好這是第一個會合點嗎？這裡是加利比耶與阿爾普迪埃的叉路口，昨天才開車載她來上下經過兩次，這麼清楚且顯而易見的路口為何不見人影？我在路口左顧右盼正感到疑惑之際，遠方路邊似乎有人在呼喚我，是她沒錯，我問她為何沒在路口為我拍照，她說不知這是哪裡？因為看到路邊有塊空地，才決定臨時停車，等她神智稍微清醒後，赫然發現前方有條叉路直往山上去，她以好奇的眼神打量著這條新發現的路，煞有其事地問說，這條路是去哪裡的呀？這不就是前天才開車載妳來的加利比耶山道嗎！是嗎？那時我心想這女人真的是一個豬頭。

過羅塔雷山口後，公路繼續向山谷深處行去，沒有護欄的公路蜿蜒在阿爾卑斯山草原上，顯得恣意奔放，粗獷豪邁的羅塔雷山矗立在蔚藍的天空下，這樣的景象激起我心中的豪情壯志，感覺整個人充滿著天地之氣，好像應該去做個什麼了不起的事，才不致愧對天地，於是我卯足勁衝了起來，受到天地感召的不只我一人，因為有一個素不相識的歐洲車

在 21 個髮夾彎賽道上奮力踩踏的騎士

手跟我一起衝了起來，當他發起攻勢從我身旁超越時，我清楚看到他騎的是一輛橘色的越野型老公路車，之所以盯著他的車看是因為我覺得這種粗輪胎怎能跑這麼快？他也同樣盯著我看，可是我不知道那代表什麼意思？接下來我們展開一場下坡追逐賽，為了擺脱我，他騎至對向車道企圖超越前方汽車陣，因為沒有設公路護欄，使得他看起來隨時可能失控衝到山坡下，就算進入大彎他也絲毫沒有減慢速度，以一個驚險萬狀的傾斜身影揚長而去，此時我忽然對「如果一切都在控制範圍內，那麼你就不能算快」這一句話有一番新的體悟，我不甘心讓對手輕易跑遠，想加速追上的同時忽然有一個危險的念頭湧上心頭，如果我在途中出了什麼意外，我和她可能就從此失聯了，沒有電話的我們，彼此又分開行動，也可謂是一次環法大冒險。

冒險要建立在絕佳的默契上，可是我們卻是雞同鴨講的最佳拍檔，一路上不是我沒看見她，要不就是我在路邊明明白白向她揮手，她卻沒看見我，就這樣陰錯陽差到 21 個髮夾彎山腳下又碰在一塊。

阿爾普迪埃山賽段可說是環法賽的高潮路段，從山城勒布爾杜瓦桑 Le Bourg d'Oisans 開始，總共有 21 個髮夾彎，而且是用倒數的方式來標示彎道數目，比賽期間，每個彎道都被各國車迷佔據，為了觀戰大家互不相讓，有時還得出動大批警察嚴陣以待。今天的阿爾普迪埃賽道顯得有些冷清，完全沒有車迷，只有幾個車手零零落落從眼前滑過，因為我們從清溪營地一路騎來已是中午時分，電子看板上顯示上午已有七百多位車手騎上阿爾普迪埃，我們在叉路口的公車亭處享用自製的潛艇堡當作午餐，我邊吃邊看著通往 21 個髮夾彎的路口，心想等一下好戲就要上場了。

2011 年七月仲夏的午後，來自世界各地的車迷們紛紛聚在 21 個髮夾彎的各個角落，帶著橘色帽子的荷蘭人，頭戴維京海盜角的丹麥人，穿著登山王紅點衫的法國人，揮舞國旗為民族英雄舒雷克加油的盧森堡人，各式各樣奇裝異服打扮的車迷們擠滿了整個阿爾普迪埃彎道，現場氣氛好不熱鬧，猶如一場世界民族服裝表演秀，那天早上，環法車隊從莫達訥滑雪場 Modane Valfrejus 出發，越過加利比耶山道朝

阿爾普迪埃騎來，比賽已進入第 19 站，戰局仍未明朗，欲爭奪黃衫的各車隊主將莫不在此站卯足全力全面搶攻，比賽已進入短兵相接的白熱化階段，前一站結束後，黃衫選手法國名將佛克勒僅剩 15 秒的優勢，盧森堡爬坡好手舒雷克想在阿爾普迪埃山道一戰定江山，年邁的澳洲籍好手伊凡斯以其敢於衝撞及超強韌性的耐力也想在阿爾普迪埃道上一爭雌雄，而受連續摔車影響的環法三連霸冠軍王者康塔多則是想在此站證明自己的實力，戰況激烈可想而知。

我呢？當然是以特別的方式加入這場戰局，就像某些歌手會以 VR 的虛擬實境方式和已故歌手對唱。

21 個髮夾彎，我已做足了心理準備，但實際騎上路仍會感到氣喘吁吁，坡度估計約百分之十，幾個彎道過後便將勒布爾杜瓦桑 Le Bourg d'oisans 遠遠拋在山腳下，從山道上望去，小鎮恬恬靜靜躺在阿爾卑斯山懷抱，像一個睡著的嬰

兒，阿爾卑斯山是大地母親，而我不過是在大地之母的胸脯上吸允著生命的養分，在攀爬途中，我一直被勒布爾杜瓦桑這個小鎮深深吸引著，在來法國之前，它一直都是幾個我拼不出音的單字「Le Bourg d'oisans」靜靜地躺在地圖上，或許因為它位在是 21 個髮夾彎的起點才引起我的注意，還是因為這個小鎮本身就散發著一種難以抗拒的神秘光輝？此刻它仍是靜靜地躺著，不同的是它真真實實躺在阿爾卑斯山谷中，我一邊騎，一邊想下山之後到小鎮上去逛逛吧。

髮夾彎雖陡但沒有想像中長，彎道上的編號從 21 快速降到 14。她為了彌補早上的豬頭表現正賣力地在彎道邊幫我拍照，路上單車寥寥數量，我絲毫不受影響，仍信心滿滿奮力向前。因為在我心中正在上演著一個環法小劇場，那一年比賽的結果是舒雷克成功奪下黃衫，伊凡司緊追在後，康塔多也以分站第三名證明了自己的能力，佛克勒總排名掉至第四，不管是總冠軍的黃衫選手，還是紅色車尾燈的最後一名選手，只要能通過三個禮拜嚴酷考驗騎向巴黎凱旋門終點的選手都是世界的王者。

髮夾彎的編號又減少了，隨著高度增加身體疲累逐漸累積，出發時熊熊烈火般的雄心壯志已燃燒殆盡，身體的能量一滴一滴的流失，期待出現３，２，１的髮夾彎編號成了無盡汪洋中的唯一救贖，公路通過一個沒有編號的髮夾彎後直直指向熱鬧的街頭，車輪在熱鬧的街道上壓過一條紅紅的線後我才從恍惚中驚醒過來，原來我已經通過終點線了。

後記：

令我想不到的是勒布爾杜瓦桑竟然是阿爾卑斯山區的單車聖城，街上大大小小車店林立，琳琅滿目的自行車令我感到熱血沸騰， 感覺很像小時候媽媽帶我到新竹東城門的腳踏車黑市，當我們走進東城門邊一條長長的巷子時，目光就被人行道上一整排的腳踏車吸引住，燦爛的陽光照射在腳踏車上發出閃閃的亮光，心也被閃亮的光芒照耀到雀躍不已，不只是人行道上擺放一長串的各式單車，路邊一整排低矮的房子也全都是腳踏車店，裡面堆放更多高檔新奇的單車，對我來說全世界最好的寶藏全都藏在這條巷子裡。

人生有時候就是註定會逛進一條特別的巷子，就像此刻我不經意逛進勒布爾杜瓦桑的小巷子，巷內一家小車店前停放了十幾輛腳踏車，清一色都是復古的老鋼管車，店內還有許多老闆剛修復完的老車，每一輛我都很喜歡，但一輛也帶不走。老闆指著掛在牆上的老車說，這是某年某位環法名將的坐騎，他拿出簡報並翻閱到其中的老照片對比給我看，表示他說話實在沒有吹牛，我對照照片再看看牆上的自行車，白綠色塗裝略為斑駁的鋼管車架，些許刮傷留下的歲月痕跡的 CAMPAGNOLO RECORD 套件，整車搭配得恰如其份，時隔多年，雖然掛在牆上，仍散發著強大的能量。老闆又指著另一輛標價 3000 歐元的老鋼管車說它搭配了哪些零件因此價格不菲，該車接受丹麥某客戶預訂且即將售出，老闆打造的經典老車已賣到世界上很多國家，希望有一天也能賣到台灣，我偷偷估算自己所剩的旅費及帶輛自行車回台灣的可能性，最後也只能很遺憾地放棄了，不過為了回報老闆的熱心，我買了古董煞車把和坐墊聊表意思意思。

晚上回到清溪營地後，她睡前沒由來地問我一句，如果可以帶一輛單車回台灣，你會考慮買嗎？當然，我不加思索地說，明天我們開車回那家車店吧。隔天我們五度造訪加利比耶和阿爾普迪埃交匯的山口直奔勒布爾杜瓦桑而去，老闆看到我再度光臨顯得有些驚訝。我說，老闆你的腳踏車真的要賣去台灣了！我從僅剩的1000歐元旅費中勉強編列出500歐元的購車預算，在其中買得起的四五輛中挑選，排除掉車架太大的也只剩兩台可選了，剩下這兩輛單車雖非一時之選，但也各具特色，我一時拿不定主意，看了又看，比了又比，最後決定買了其中一輛紫色的鋼管公路車，原因是這輛車從車架到零件全都是 Made in France，正港的法國車，有一種特別的浪漫情調。緣分真的很奇妙，來法國之前，我看著地圖上的「Le Bourg d'Oisans」，心想這幾個字到底要怎麼發音，d 跟 sans 念起來很像挖豬屎（閩南話），所以我一直都叫它為「噢滴塞」，沒想到這個神奇的阿爾卑斯山小鎮藏著一個令人驚喜的寶物。車店老闆忙進忙出為我準備大型紙箱，我們合力將單車拆解打包並在店門口拍照紀念，老闆說回台灣後一定要把騎這輛車的照片拍給他看。

午後三點，我們離開勒布爾杜瓦桑，前往下一個目的地，其實我不知道下一站要去哪裡？騎完阿爾普迪埃二十一髮夾彎後，我已完成了阿爾卑斯山各經典山地站，已經沒有吸引我的環法賽道了，心裡感到幾許空虛，也許可以騎這裡？也許可以騎那裡？我感到有些悲哀，因為不知道自己接下來該做什麼？

Day 10

2017/8/16 星期三

滿願

夢想單車店

今天一早醒來，我們又再開五十多公里，再經過一次嘎哩逼野 Galibier 入口（第五次）回到那家單車店 La Bicicletta，為什麼呢？有東西掉在那裡了嗎？是的，他的心掉在那裡了。

昨晚睡前我忽然問他如果我們可以帶一輛單車回台灣，你會考慮買嗎？他早上就決定不去義大利騎車了，立刻衝回店裡買了一輛中古鋼管車。

我想我一定是被催眠暗示了才問他那句話，前一天車店老闆跟我說店裡有一輛車要賣給丹麥人，還有輛單車九月就要去美國了，真希望能有輛單車跟我們回去台灣……

雖然他沒說什麼，但他對單車那強大的執念一定對我發出什麼單車波，帶著兩輛單車回台灣一定累死人了，但是看到眼前這兩個男人歡天喜地在打包單車，我也就隨喜啦！忽然也明白老天為何直接將我們租的小車換成大車了。

買完單車後感覺他整個人都更滿足了，當人真正滿足時就能開始慷慨給予，於是他大方地說我們去地中

海吧！原本是我說來南法一定要去地中海的，但是從南部北上到山城後，覺得還是山上涼爽，而且開車南下距離也很遠，所以早就放下這個想法。

我們終於學會怎麼設法文導航，可以在紙本地圖看好地點再輸進去，當然一路導航都還是說著我們聽不懂的法文。他在台灣也算是蘇花山道飆車手的頭文字 D，在這裡進出圓環被轉得暈頭轉向，常轉錯出口，或進圓環和其他車擠一起，甚至被人開窗大罵。本來應是很挫敗的，但是他很專注地學習，聽著聽著他恍然大悟說原來法文導航重覆的說著的圓環就是盤子（台語發音），我們都笑了。這樣學習法文很快。我們在南法只有看過一位警察，他說難怪這個國家不需要那麼多警察，因為你做錯了，所有路人都會罵你指正你，這樣很快就學會修正了。能這麼想真是有智慧！

La Bicicletta 自行車店，讓選手的單車再生的可愛車店。

有一段路很好開，我覺得他太累了，便主動說要開車。十年來除了 2008 年他比完三百公里單車賽累到不行，不得不讓我開了四小時的車，在那以後便不可能在他清醒的時候讓我坐在駕駛座位上。

你放下控制吧，要信任我。（其實我要說的是信任老天）他立刻停車讓我開，這段路我開的很開心，法國南部的道路很像巨型緩坡連續溜滑梯，剛開始真的不太會掌握，覺得隨時都要飛出去了，然後又有無數的彎道讓我練習，一次一次地越來越順。感覺他放鬆睡著了大約五分鐘，我也能熟練地邊開邊欣賞風景，想到第一天來南法開車還會錯把油門當煞車，算是進步神速，而且不知為何，輪到我開車的時候居然都沒有「盤子」出現，果然有守護交通的天使眷顧吧！

接下來的旅程就是往南方移動，全憑直覺在地圖一指再指，一開再開，當天漸漸暗下來時，到了一個小城鎮塞恩 Seyne，我看到一座巨大的石頭建築的古老教堂，連忙要他停車。教堂的門是開的，我走進這座十二世紀建立的古老教堂，天主在嗎？又是安靜無人。黃昏的天光透過彩繪玻璃微微地照亮教堂的局部，我感受古老的靜謐，身心也放鬆。我想就待在這個城鎮的露營區好了，明天還可以帶他來看教堂。

這個露營區 Camping Les Prairies* 是我們待過最擠最熱鬧的露營區了，櫃檯人員看了護照很興奮地說我們是他們有史以來接待的第一批中國人，可能是看了護照上有 China 字樣，我已經累到沒力解釋，除了在亞維農車站，到目前為止，我們還是沒有遇到任何亞洲人。營區是由樹籬笆隔離的，每區的位置大概也就像我的小套房十坪左右，很像是大家住在都市的樓房，然後牆壁全部換成樹籬笆，所以隔壁說話笑鬧做事什麼的，都看得見聽得到，很有趣。不斷地聽見大人小孩們的歡樂笑聲，夜晚居然還有熱舞派對到十一點，他依然規律地做菜、吃飯，十點半左右洗澡睡覺。跟著他的作息，三餐正常吃，我覺得自己好像胖了。

嗯，這樣比較有力氣扛單車吧！

＊ Camping Les Prairies 露營區（見附錄：露營區資訊 P.238）

Day 11

2017/8/17 星期四

放鬆吧！開始當遊客

騎士精神

今天早起想帶他去參觀教堂，門卻沒開。站在教堂外可以俯瞰整個鄉村，仍感受到教堂原初淨化人心的旨意。一路的旅程總是會在細微意識處發生懺悔和內省，每日睡在大地，也和幽暗無意識連結，感覺自己是如此渺小，只能靜心觀照和接受一切來來去去。

繼續向南方的海邊前進，途中總會路經 deja vu 似曾相識的地方，每每他直覺停車休息的地方就是。他很少願意停留在人潮多的大城鎮，但現在他在一個熱鬧的古城堡觀光點停了下來。

昂特勒沃城堡 Citadelle d'Entrevaux 是一座非常古老的城堡，從西元五世紀就開始興建，是一個主教城堡。村莊是十一世紀建立的，1542 年被認定為皇家城堡。在 1690 年，路易十四國王更強化昂特勒沃作為在法國阿爾卑斯山系阻止薩沃依公國的防禦帶的一部分。當不斷更換主人的尼斯最後在 1860 年成為法國領地後，昂特勒沃就變回一個普通村莊了。

這些都是回台灣後查的資料，在當時我們完全看不懂，在城區走來走去，越往上走層級越高，教會和皇室

塞恩鎮上的拿撒勒聖母教堂

城堡都在山城最高處，就是古代將相們最喜歡選的易守難攻的位置，現在如果想要上去，只要在鐵門外刷信用卡付 3 歐元和爬上去就好。我們都不感興趣，還是當平凡的老百姓比較自在。

走著走著，我忽然問他騎士精神是什麼？他毫不思索地回答榮譽、服從和正義。在城內隨意逛著，一面讚嘆古羅馬時期的建築工藝，一面浮現中古世紀人性最黑暗的時期，宗教皇室奢華地鞏固勢力，騎士們肩負命令去作戰殺敵，男女老弱受苦哀求著等待拯救。我望著古老的城牆，那個人類不斷爭權奪利以鮮血和殺戮來建立王國的時代過去了嗎？現在的我們學會了嗎？不想再躲在堅強的堡壘中，不停地武裝自己，心中的防衛衝突逐漸消融，內在憧憬未來想去作戰的騎士也漸漸消失。

我再問他，你覺得自己還有騎士精神嗎？他說年紀越大，好像越來越沒有了。

是啊，你早就騎著鐵馬歸隱山林了！

他說走吧！想找個舒服的地方，好好吃一顆哈密瓜。

我們又上路了，想去地中海。距離尼斯只有車程六十公里。他問尼斯到底有什麼？我說燉菜。為什麼去尼斯？我又沒說要去尼斯，任何一處海邊都是地中海吧？但不知道哪裡離海最近可以下海。我也有想到過坎城，看過無數坎城影展的電影，真的想去看看，但知道他抗拒進入大城市，我連提議都沒提。

他進大城市的焦慮又要發作了，好不容易看懂導航，和熟悉進出盤子（圓環），一進尼斯，車流量大增，我們就被車流推著推著，居然一不小心開進尼斯飛機場，就差沒進入機場跑道演出《Taxi》電影，趕快掉頭轉回去，又傻傻地上了高速公路又下來，因為看不懂哪個出口是哪個，只知道在高速公路上絕對到不了海邊。南部真的好熱，許多放眼望去的樹林都被燒得焦黑，如果我們一直找不到路，還沒到海邊就被心中的焦躁和烈陽燒乾了吧。

他下定決心：「好！鎖定去海邊，但我們不走高速公路，走山路。」在地圖上隨選找山路，又從南往北開很久再往回繞，由於路太小，導航有時還當掉找不到位置，這時他就靜下來，啟動內在導航，太陽、山頭、東南西北方位指針，總能突破繞圈圈鬼打牆的困境，不愧是山之子，果然厲害。

開了好久好久，又從平地上山，南部的山路也很美，據說將近四個月沒下雨，樹木都是乾枯的。直到天色漸暗，好不容易找到一個露營區，當我再三確定真的是額滿不收，我顯露疲憊失望的神情，他認真地跟我說：「你相信我，我一定會找到好的野營地。」我不作聲，心想跟你在鬼哭神嚎的古戰場紮營過、還有在日本九州軍官墳墓附近、還有半夜下大雨的火車站停車場……什麼奇怪地方都住過，好像也都平安度過，我也只能相信你了。

再次上路，一路開去，旁邊都是斜坡樹林，無法紮營，他忽然直覺轉到一旁的岔路，是什麼機構往山上的產業道路，機構大門旁邊有塊空地很平，可能為了不讓人停車，有三個約一兩公尺高的大石頭檔著，剛好可以紮營。我們以為晚上七點多，機構人員都早已下班，有位女士從機構大門裡面開車出來，看到我們正開心吃著哈密瓜，她望了一眼就離開了。

他累了，今天大概開了兩百公里左右的路程。這個營地真的不錯，晚上我做了美麗的夢，和台灣的老師和家人朋友在天空飛翔，睡得很香。

昂特勒沃城堡內遊走閒逛

Day 12

2017/8/18 星期五

山路迢迢去海邊

蔚藍海岸*

清晨起來，我以為他昨天太累，已經不想去地中海，沒想到他說趁早上比較涼爽，我們早點出發。那也不要吃早餐，趕快啟程。伴著清新的晨光，我們又上路了，他開車時說了一句：「沒想到地中海比嘎哩逼耶山頂還難到達啊！」我們哈哈大笑。旅程來到這個時候，兩人才放鬆同心，多日相處，我們的共識都是自己是很自我中心不好相處的人，伴侶生活很不容易，要細心體會，體諒和包容彼此。

我們在地圖上選擇了一個臨海的城市為目標，但不進城市要越過去，山路並不是一路往南的，會先往西再向南，過去幾天發現，在山區導航有時也會誤導，所以先設近一點的城鎮，等確實到了再設下一站，這樣一站過一站，開了大概又兩個小時，終於看到海了。

一到海邊的道路，就立刻匯入擁擠的車流，沒幾分

＊蔚藍海岸 Cote d'Azur 又稱法國里維耶拉 Riviera en France，地處地中海沿岸，屬於法國東南沿海普羅旺斯──阿爾卑斯──蔚藍海岸大區一部分，為自瓦爾省土倫與義大利接壤的阿爾卑斯省芒通之間相連的大片濱海地區。蔚藍海岸被認為是最奢華和最富有的地區之一，世界上眾多富人、名人多匯集於此。──維基百科

鐘，他忽然在盤子迴轉時說剛看到一處海灘，又 180 度掉頭轉回去。路旁隔著停車場和樹，海灘入口很小，也被他眼尖看到，是大海在呼喚我們吧。現在是早上九點，停車格剛好一邊封起來在修路，所以還有幾個停車位。我們從停車格出口開始一路倒車到停車位，路很窄，沿路有很多人跑步經過，當他小心地停好車時，我們就開心地歡呼，六十公里左右的路程卻開了兩天，終於來到海邊，真是二傻歷險記！

眼前就是地中海，我快速地吃完早餐就準備要下海，他慢悠悠地一邊吃早餐一邊望著海，好像變成法國人了，要慢慢來，他說。

沙灘上原本只有十多人，隨著太陽越來越高，人越來越多，很多人真的只是來曬太陽的，有個年紀約六十多歲的男人坐在太陽下看書看了很久，忽然跳下海游很久，再起來曬太陽、看書、游泳、曬太陽；有個身材健美的女人在樹蔭下特訓自己，十下仰臥起坐、十下交互蹲跳、跳繩、皮拉提斯；一群德國年輕男女在玩沙灘排球；父母帶著小孩玩沙；更多人躺著沐浴在陽光下……除了小孩和年輕人，大部分的人都安靜地曬太陽，在上帝恩賜的療癒場靜靜地體會是人生最棒的享受。

我等不及了，想趕快把此生第一次穿比基尼獻給地中海，就先跑去換衣服。我的腳還沒踏入海中，他已經藏好車鑰匙出現在沙灘，我們兩個好像都無法隨隨便便就跳下美麗湛藍的地中海。我來個很慢的神聖入水儀式，將海水先輕輕在身上潑灑，哇！海水好冰好冰啊！

在台灣曬夏日的太陽，感覺太陽是一團濕熱把你包住，有悶熱感。南法的太陽就像是光的束線，有時不感覺那麼熱，等到你體內的水分被蒸散後，乾渴皮膚皺皺的才發現已經快曬焦了。我走入海中，水溫大概攝氏 20 度左右，我很慢很慢地讓身體適應這個溫度後就游來游去，他入水後已不知游去何方。海水的顏色藍綠淨透，和台灣東部太平洋海水質地不太一樣，越游越感覺到清爽，有點像是游在清涼薄荷汁裡，我喝了一口確定是鹹的不是薄荷汁。游起來曬曬太陽再下海更舒服。當我們又在海中相遇時，我做夢般說我們在地中海游泳耶，他笑說是啊，然後又各自反方向游開，我在海裡滾來滾去然後進入完全漂浮模式，我是從太平洋來的喔，代表太平洋向你問好。這時地中海開始療癒我的脊椎尾椎，感覺有股暖流在身體和心輪擴張微笑，舒服漂浮著，幾乎睡著。

我在海裡漂了好久才上岸，看到一個個或一對對年紀約六十到八十歲的男士、女士帶著傘、椅子和毛巾向圍牆另一邊走去，我很好奇便上岸跟過去看。

圍牆後竟然是天體海灘！

來南法之前，我開玩笑跟他說要帶他來地中海的天體營開開眼界，其實我自己沒來過南法，也從沒去過天體營，根本就不知道哪裡有！怎麼會這麼幸運，上天旅行社真是太讚了！我們立刻轉移陣地。這邊大部分是年紀較長的游客，大多安靜地曬太陽，偶爾起身游個泳又回去繼續曬，我們的出現讓他們的目光有了東方焦點。

舖好布後，想等他先脫衣服，但他的動作緩下來，我等不及，毫不猶豫地脫去所有的束縛，他也立刻脫的光溜溜，好像兩個初次來到地球的純淨小孩，讓白沙、陽光和海水擁抱著，所有人類都應該有這樣的原初記憶，光光赤裸的來去，再自然不過了，我們都很感動。他說在自己的國家文化公開赤裸是違法要被懲罰的，感覺他都要哭了。

我們先在蔚藍海岸的海水洗得亮亮的，再來認真曬太陽，這次行前準備，另一件傻事就是沒帶防曬用品或任何乳液，結果我們就用每日拌菜的高級橄欖油護膚，真是又香又好，可喝可抹。他擦了好幾層，只見一位閃亮黝黑的亞洲男人像走伸展台般走向海裡，又不停地跳水，在眾人注視下走來又游去好幾回合。

我沒有那麼耐曬也沒有那麼愛現，游不到半小時就躺在沙灘上一直拿布遮頭，有位豐腴的女士邀請我去躺在她的陽傘下，我立刻匍匐爬過去，只將頭臉放在陰影下就太舒服了，我舒服仰躺在地上跟這位奈莉女士聊起來。奈莉是巴黎人，來地中海朋友家度假，她是位演奏薩克斯風的音樂家，曾在印尼、馬來西亞、峇里島住過，英文很不錯。她說在峇里島遇見一位年輕的加拿大女子要來台灣教英文，因為台灣政府希望人人可以說英文接待外賓，促進觀光，因此大量聘用外籍英文教師，我還真是不知道呢。和法國人聊天很自在，他們很真實，喜歡就說喜歡，不喜歡也直接表達，而且他們都熱愛自己的土地。奈莉很喜歡亞洲國家，也在許多亞洲國家住過。她說地球到處都有美麗的人和風景，大家不應該分別彼此，完全同意。

一直站在海中當大衛雕像的他終於休息，當他走過來，奈莉上下打量他，感覺他有一點點尷尬，我也好想笑。然後奈莉直接說他看起來過的生活比較健康，我的皮膚太白比較不健康，哈哈，是真的。知道我們是第一次來天體營日光浴後，她笑說你們明天就知道了，會脫皮喔！和她聊天真的很愉快，我跟她說希望她有天能來台灣演奏，很感謝她分享這塊珍貴的蔭涼和聊天，我和她赤裸裸地法式「必甦」親親三次道別，依依不捨地說再見。這是我第一次光溜溜地親吻陌生人，而他也是人生第一次赤裸裸地被陌生人看光光。哈哈哈！

全身吸飽滿滿蔚藍海岸的陽光，感覺身心和每個細胞都閃亮發光，我們一致同意再回到涼爽的山城索村，回到我們來南法第一天住的寬廣松樹林露營區。今日雖然開了快三百公里，兩人都洋溢著幸福笑容，一點也不覺得累。

蔚藍海岸

Day 13

2017/8/19 星期六

南法收尾很浪漫

小黑光榮退役

今天是他計劃中的最後一站輕鬆騎，他說要騎去《山居歲月》作者彼得．梅耶住的城鎮戈爾代 Gordes 看看，來回七十多公里，不屬於環法賽路段，而且只是鄉間緩坡的道路。今天他出發時，忘了給他拍照，整天都沒有想拍照，因為昨天吸收太陽海洋能量太飽滿需要多休息。

之前我也有跟他提過想去馬賽看港口，我也說不上來為什麼要去，頭腦有很多欲望時會哪裡都想去，可能過去曾經有什麼連結，或聽到馬賽的故事或聽過馬賽曲或洗過馬賽皂，誰知道呢？這次旅行就是學著放下，後來也沒提了。但不知為何，馬賽這兩個字時不時地就出現在我的腦海。

昨晚回到我們最喜歡的營地，距離上次住已經過了 12 天，營地很多旅客都是來住一周或甚至一個月的。原來紮營的地點有新鄰居，一對年輕夫妻，他們有一個天使 baby 和五歲左右的小男孩，我們紮營時和他們點頭打招呼。當我洗好衣服要拿去晾時，發現我遠遠看到的雙層繩子竟然是羽毛球網……他們跟我比手畫腳揮球拍的動作。營地有很多設施可以租借，這個球網應該是他們借來的，我笑笑示意了解。就拿著濕淋淋的衣服走回帳篷，我並沒有曬衣繩，正想要鋪在哪裡曬好，看到那位先生正在拆解他的曬衣繩，然後交給他太太拿給我。他們不會說英文，都比動作示意，非常感謝他們的體貼。一路旅遊感覺法國友善的人們不會打擾你，但知道你需要幫助都會立刻主動協助。

我在營地隨處逛逛，原來這個露營區很大，今天才知道還有游泳池，但游過地中海就不想進游泳池，還是回去補眠吧。能單獨在松樹林裡睡睡覺，寫寫東西，聽聽大樹們唱歌多麼舒服自在！到了下午，我還是懶洋洋地趴在營地，他還沒回來，今天怎麼騎到這麼晚呢？

過了不久，聽到輪轉聲，他回來了。

唉！今天是最辛苦的一天，他說。

咦？不是五站中最輕鬆的路段嗎？

他說因為那段路的路況太爛，居然把車輪的輻條震斷了一根。我淡定的問他怎麼回來的？他說斷了一根還是可以騎，但每轉一圈就會被煞車咬住，要很用力踩，就這樣騎了二十多公里，而且是上坡……可憐的小黑負傷光榮退役了，它安靜地靠在樹上休息。

我說本來今天就該休息啊，看吧，老天讓你適可而止的。我嘴巴雖然碎念，但當下看到對方安好，心大大鬆了，不是自己親身經歷的苦也無法真的感同身受，對他自己安排堅持騎完了五站，心中還是由衷的佩服，為他拍拍手。

聽到他自言自語傻笑著：「還好不是第一天就斷掉，全程騎完才斷……」

你休息一下吧，今天是在南法最後一天，我們一定要去吃法國浪漫大餐。他說不想去戈爾代，那裡到處都是觀光客，通往那裡的道路又很爛。我猜想是抗拒太多觀光客的做法，道路弄爛些表示不歡迎。

於是我們就像在日本九州旅遊時，在地圖隨選一個好聽的地名就出發，有個城鎮叫做尼永 Nyons，唸起來像是霓虹絲。開了約六十公里到了尼永，發現這城鎮應該比戈爾代還要大，有很多觀光客。進市區第一次看到速限警示燈有給哭臉或笑臉。在南法進了城鎮的速限提醒很清楚，30 或 50 公里，一般山路可以開到 70 或 90 公里，我記得我們在進尼斯前上了一條外環道路是 110 公里，高速公路好像是 130 公里。雖然都清楚標示，但開得太舒服有時還是會忘了減速，我們經過速限時我好像看到一個哭臉，因為不知道那是什麼裝置，所以也來不及反應了。

停車的地方剛好有遊客中心，我在上一個遊客中心發 Email 通知我姊手機壞了，發出後一直沒機會收信。如果有手機就會一直上網查資料，沒有手機就會直接去問人，也是跟當地人交流的機會。我請遊客中心的櫃檯人員推薦餐廳，她立刻提供餐廳聚集的地方，幾家價位不錯的，當然一定問下我們是哪個國家來的，這趟旅程去了哪裡，小聊一下。

走往櫃檯女士推薦的餐廳巷，看到每家餐廳都沒有人，他選了一家非洲風格的餐廳，我特地看下菜單是法國菜，一個男子出來說了一串法文，我猜現在是休息時間，我問他幾點開？他跑去拿計算機按給我們看 730，我比手畫腳說再回來，他問要不要保留最外面就是坐在街道上的位置給我們，當然也是比手畫腳，我心想這樣等下怎麼點菜？也亂比一下表示之後再說。我問明宗還是要吃這家嗎？他說對。好吧，本來他要一家一家聞香味來決定，難得有緣份這麼快做決定。

他平日很少吃零食甜點，三餐正常，吃飽飯後，再要他吃一口零食都不可能。現在一反常態，他堅持要在吃飯前吃兩球冰淇淋，想想他多麼辛苦完成了五站騎程，當然要去吃。兩個人就坐在鋪著石板路的街上邊吃邊欣賞風景般看著來往的行人。有來自各地的觀光客，現在看到的許多華人，似乎都已經是法國人，推著娃娃車說著流利法語，美國人、德國人、英國人、法國人還有更多不可能立刻喊出國籍的人，北非、東非、西非、北歐、東歐、南歐，就像他們看到我們，通常會先猜日本人或中國人，如果沒有國界語言，是不是就要用顏色來分了？那我現在屬於棕色人。不同顏色，高矮胖瘦，圓臉長臉，大眼小眼，尖鼻圓鼻，在還沒有更進一步的分別時，每個人都是非常獨特的個體，每個人也都有相同的喜怒哀樂情緒，這麼多不同文化不同種族的人在這裡交流融合真是四海一家。難怪法國人喜歡把桌椅放在街道上，甚至面向著街道吃飯，欣賞街道的人來人往原來這麼享受。看了這麼多不同國家的外國人，他有種了悟地跟我說：「原來沒有一個人的身材或外貌是最完美的，每個人都是這麼的不同，都不一樣。」

廣場正好有二手書市集，已經準備收攤，正在打包裝箱。我隨手翻看詩集時，老闆問我喜不喜歡詩，她說這裡滿滿好幾箱都是，她可以再打開來給我看。我說不懂法文，她還是一副沒關係啊，還是可以拆給我看的樣子。我隨手抽了一本薄薄的法文繪本，正是給自己的禮物，是一個愛作夢的小男孩，夜晚睡覺時飛來飛去，到各地去旅遊。

法語是這麼有魅力，我在英國念書時住的女子宿舍，在我隔壁的鄰居就是法國女生，她們在餐廳打工時總是有很多英國男人請她們用法語對他們說話，罵他們也好，那時我好想學法語。這本繪本讓我再次有了學法語的念頭。

7:30 到了，原本空蕩的餐廳在街道上的位子已經坐滿一半的客人，果然那位比手劃腳的朋友保留了最好最外面的座位給我們。我想他應該是廚師，後來服務生是兩位美女，一位是甜美型，另一位是性感型。甜美型的來幫我們點菜，不會主動給建議，我認得幾個字，我出發前還有特別問了朋友和記了很多法國菜名在手機裡……手機壞了查不到。只記得一定要吃羊乳酪沙拉 Chevre salade，其他就點一個套餐和單點一個椰汁魚，結果來了兩個一樣的沙拉，一大一小，好好笑！但真的很好吃。雖然我們每天在超市也有買羊乳酪起司，但是這裡的起司有烤過，十分美味。套餐的甜點居然又是兩球冰淇淋，這是初次亂點法國菜的經驗。

吃飽後繼續坐著欣賞街上的人，差不多要離開時，鄰桌的男子忽然拍我，問我們是日本人嗎？我回答是台灣人，他顯得很高興，我就轉身跟他們聊天。兩位約 40 歲上下的男士和女士和一位年約七十歲的優雅女士，以及桌下一隻可愛的狗。男子的英文很不錯，問了我許多問題，再立刻翻譯給朋友聽。有關台灣國土面積，人口，地形，明宗是社會老師都可以清楚說明，我翻譯就好。法國男子說他是從事電腦業，所有電腦相關的什麼零組件幾乎都是台灣製造的，十年前好像台灣有場大地震，有個工廠受損，所以電腦相關什麼材料全球大漲，我說可能是九二一大地震，但核對年份又不太可能，我說台灣地震很多，他們有點為我們擔心，我說其實還好，大家都習慣了。

幾乎每個人都會問我們可以休這麼長的假期嗎？我都回答說因為他是老師可以放暑假，我正在無業晃蕩不容易解釋，就說在寫作，沒想到當時說了竟變成預言！

他們問連續長假可以休多久，聽到七天。大家都露出不可思議的神情（太少了吧），他說你們的工作壓力一定很大。接著聊天很快就會談到人民有沒有共識的話題去，法國人真的很愛他們的國家和土地，而且從文化教育中可以看到他們會盡量多元地尊重每個人的想法、意見，容許爭辯反駁討論，但求得更好的共識。

聊著聊著，已經十點多了，我們就先告辭，因為開回索村還要開六十幾公里。今晚過得像浪漫的法國人，吃飯吃了快三小時，雖然沒有喝酒，但心情也是醉醺醺的，第一次在法國的夜晚開車，回家的道路在黑暗中沒有路燈，交通守護天使又安排前方出現一輛車的尾燈帶領我們一路回到索村附近，途中看到一隻小動物閃亮著眼睛躲進草叢，有可能是我最喜歡的狐狸喔，回到營地已經是 11:30。

在南法最後的一個夜晚很浪漫。

光榮退役的小黑，辛苦了！

山野騎士　第5站　戈爾代

也許可以騎這裡？也許可以騎那裡？也許？也許？也許可以到彼得梅耶的山居歲月去看看吧。這是一趟很勉強的行程，因為出發前定了騎環法賽五站賽道的計劃，自從完成了加利比耶和阿爾普迪埃山地站後就一直籠罩著一種不知何去何從的低瀰氣氛，戈爾代 Gordes 這一站也只是勉強湊數而已，這就是所謂的高潮之後的空虛吧！也許應該暫停一下，就算身體還受得了，心靈卻被掏空了，這是始料未及的。本以為騎完阿爾卑斯山經典賽段完成人生大夢後應該是心靈飽足，電力滿滿，此刻卻頓失重心，飄飄忽忽，如靈魂出竅一般。她建議去地中海清涼一下，因為她在出發前物色了一套性感的比基尼，想到地中海來放肆一下，據說這是她這趟南法之旅最主要的目的。

我們開了兩天兩夜的車一路奔向久聞其名的蔚藍海岸，公路在山間谷地中徘徊，地中海夏日特有的明亮光線灑落大地，為生命增添豐富的色彩，也為心靈注入愉快的樂章，然而這趟公路旅行的美麗篇章在進入尼斯之後就嘎然而止，我們在擁擠的車陣中亦步亦趨向前行，複雜的圓環交流道出口考驗著我們的命運，每條道路都會通到一個不知名的地方，心已失去大海的方向，身陷在尼斯周邊的亂流裡，感覺好像開到了機場的航廈，似乎又上了高速公路，心越來越緊張，手腳越來越忙亂。

就在此時，腦中忽然靈光一現，「何不反其道而行？」我們決定往回開，回到山區繞路而行，這樣又過了一個滿天星斗的夜晚，終於在隔天早上來到地中海邊，淺綠透明又冰涼的海水像雪碧可樂一樣，滲透進身體的每一個細胞中，一切都值得了！她帶來的比基尼也只穿了一下下就無用武之地，因為下一刻就脫光光了 。

本來以為全身脫光光需要自我心理建設和豁出去的勇氣，但是到了天體海灘，看到沙灘延綿，海天一色，自然就有脫光光的衝動，根本不需任何勇氣。不遠處，海面上一閃一閃光溜溜的身體，時而沈入海中，時而浮出海面，陽光隨著浪花滾動，水珠在皮膚表面散發鑽石般的光芒，若不細看，會以為是一群人魚在海中嬉戲，充滿著原始的律動，那麼自然美麗，好像我們人類真的曾經在大海生活過。

離開地中海後又回到了索村 Sault，索村還是一樣古樸的聳立在山丘上，風禿山上的礫石依然在蔚藍的天空下閃耀著潔白的光芒，天氣似乎比剛到亞維農時熱了許多，路旁的植物看起來相當乾渴，應該很長一段時間沒下雨了吧，太陽熱剌剌的照在山丘上，公路百無聊賴地從曠野中劃過，沒有風，只有綿綿蟬聲無力的鳴叫。

風景不算差，但也僅能說是平淡無奇，如果是初來乍到，也許會覺得好一片明媚的風光啊！可是現在的我心情寂寥，感覺不到曠野的豪情，聽不見溪水潺潺作響，縱然經過一片精心照顧的葡萄園，心情也沒有泛起一點漣漪，彼得梅耶的山居故事雖然吸引人，那也得身歷其境的人才能體會其中滋味，我不過是來湊個熱鬧而已，在戈爾代 Gordes 山城逛一回就像逛了某個知名的商圈，到處都是打扮入時的觀光客，氣氛浪漫的餐廳，服飾店，藝品店，所有的快樂與滿足必須從消費中獲得，這是一個和阿爾卑斯山完全不同的世界，也和我內在心靈完全不同的世界，我不屬於這裡，還是趕快下山吧。

又回到來時的 D2 公路，這是一條破碎的鄉村道路，路面上滿佈橫向的裂紋，長達十幾公里，公路車胎壓動輒打氣打到 100 psi，硬碰硬的結果可想而知，高速衝擊產生的劇烈晃動令人感到苦不堪言，整條路面都是這樣的裂紋，無處可逃。太陽越升越高，熱風從背後吹來，車架上唯一的水壺早已乾枯見底，心裡升起一股煩躁，這不是希望看見之旅，而是一段逃離的旅程。心越騎越煩，逃離的速度隨著熱風吹送不斷地加快，直到響亮的「ㄅㄧㄤ」一聲才停止，一開始以為是車輪攪到什麼金屬物體的斷裂聲，待停下車後才發現煞車歪向一邊卡緊前輪框，完了！煞車彈簧斷了嗎？拆開剎車檢修又看不出所以然，一時丈二金剛摸不著頭腦，心中滿是疑惑，定下神來後仔細一瞧才發現鋁合金製的前輪輻條斷了一根！我蹲下身拆開斷裂的輻條將它小心翼翼放在路邊一戶人家的圍牆下，就當是留給法國的紀念品吧。我蹲在圍牆下望著前方的山丘，公路沿著山坡蜿蜒而上，距離回到索村還有 28 公里，我即將一拐一拐翻越這座無言的山丘，頓時覺得它變得好高好高。

前輪輻條斷掉使得輪子每轉一圈就會卡到煞車皮，我把所有的心思專注在克服前輪的障礙上，因為找到這個必須克服的人生目標，煩躁而憂鬱的心情竟一掃而空，不只如此，心情甚至有些亢奮起來，我想起 2016 年環法賽風禿山站，英國 SKY 車隊的黃衫選手弗魯姆（Chris Froome - 2016 環法賽冠軍）在終點前遭大會工作車追撞，單車毀壞，為了守住黃衫，情急之下他棄車快速奔跑，直到他的支援車來到才又跨上單車向終點衝去，環法大賽是世界頂尖選手匯集之地，為了奪得冠軍可說是分秒必爭，此刻的我不為冠軍而戰，而是為了突破生命中的種種限制，從某個角度而言，限制的本身是一個牢籠，同時它也是激發我們生命力量的假想敵。在氣氛低瀰的第五站，我士氣高昂地在山丘上奮鬥，弗魯姆與我同行，我們一起爬上山丘的頂點，望著前方高高聳立的風禿山，再次感覺到生命的喜悅。

我在加利比耶

R
625

Day 14

2017/8/20 星期日

一切都是剛剛好

火車來不來？

早上我把曬衣繩還給鄰居，也將一小包未開封的米送給他們，這時才比手畫腳小聊一下，他們算是不會說英文的法國人。猜猜他們是哪裡人？哈哈！他們就是馬賽人，難怪我這兩天腦中一直浮現馬賽。語言不通時怎麼溝通，就看入他們的眼睛連結語言區，然後玩起比手畫腳的遊戲。才短短的交流，我就感受到馬賽人的熱情，每搞懂一句我說什麼，他們夫妻的眼睛就開心的閃閃發亮。他們住在離馬賽開車二十分鐘的郊外，要在這個營區總共待 17 天，知道我們不是日本人而是臺灣人時，很高興多認識一國人，他們一歲多的小 baby，金褐色捲捲頭髮好像畫中的小天使，真可愛！感謝有他們在南法露營區最後的相伴，將來有機會一定去馬賽玩。

我們開始打包準備上路，我提醒他把兩箱單車綁在一起，因為我一手要拉自己的行李箱，只能一手幫他扛單車。開回亞維農市區大約中午 11:30，正好路過第一天剛到時鬼打牆的城牆停車場，想去看亞維農城的城牆和斷橋，預計逛一個小時，但是一進去還沒到停車場就塞車，我們立刻轉出來。雖然下午 2:30 才還車，總覺得應該提前去火車站看看。

到火車站只有二十分鐘的車程，但當我們抵達導航目標居然是一個社區，根本不是火車站。再次輸入 Gare TGV 或 Station，導航還是把我們帶到這個社區。唯一能信賴的就是導航，路上竟看不到任何人可問。後來我輸入租車公司，就可以導航到火車站，可是導航又把我們帶去後站，不小心進停車場又出停車場。確定火車站方位就先去加油（還車時要加滿油），之前在其他城鎮已經加過兩次油都沒問題，都是家樂福的加油站，也有顯示英文操作。這裡最近的也是家樂福旁邊的加油站，結果我的信用卡都不能使用，也沒有英文顯示，這家家樂福週日沒開，附近也沒人，趕快再開去下一家加油站，我的卡還是不行，再跑第三家加油站，總算在加油站旁邊有個小雜貨店可以付現金。我們還去超市買繩子綁單車，來來回回已經下午 1:30，開回去租車公司停錯停車場再出來重停，還完車子也差不多 2:30。

到了火車站一看，早上的火車延遲 4 個小時，班次大亂。還好前天游完地中海沒開去馬賽，後來才知道土龍到馬賽那段路森林大火蠻嚴重的。小小的亞維農車站擠滿了人，好多遊客都在火車站等待，往巴黎的班次很多，往倫敦的歐洲之星都延遲好幾個小時，所以到底哪班火車會先來也無法得知，要等到火車進站前 15 到 20 分鐘才會廣播，有時廣播好幾次，火車也沒來。還有火車來了無法看出班次，每節火車車廂有個小螢幕寫車廂號，有的有顯示車次號碼，有的沒有。我們扛著兩個大箱子成為所有人注目的焦點，沒有看到其他人攜帶大型貨物，我也不在乎別人的眼光，只是覺得手快脫臼了。單手拿一輛單車真的太重，他有時很辛苦自己搬一段路。後來我們索性把單車箱丟在月台上，就進候車室等待。第一天到亞維農車站時熱的快中暑，今天要離開時風卻好大，冷得要命，真是一切無常。

旅客們都安靜地等車，去詢問旅客中心火車何時會來的人也沒有很多，旅程中很少看到有人滑手機或拍照，一直到這裡才會看到很多人用手機。我發現他們對於帶著 baby 的媽媽或老人家絕不會主動讓座，但只要你需要坐座位，去和坐的人溝通，對方會說好，就會輪流坐。或許他們的觀念是男女老少大家都平等，大家都必須自己獨立好好地活著，不會有誰比較弱，一定需要幫助的概念，有些老先生老太太坐在地上也很自在。因為我們都聽不懂廣播在說什麼，廣播只有報車次時會用英文，我們只好看大家的表情來判斷發生了什麼。

對於等待，大部分人都沒什麼抱怨，只有少數幾個人會誇張的嘆氣或做不耐煩表情。想起剛到的第二天就遇到冰雹暴風雨，在這麼大的土地上，什麼奇怪的發生都是常有的事，可能遇多經驗多就淡定了。

我想聯絡巴黎的友人，昨天告訴她我們搭下午 3:30 火車，約她 7:30 在青年旅館，我去旅客中心問公用電話在哪？他們直接說火車站沒有。火車站居然沒有公用電話！我這時覺得生活在台灣實在太方便太好了。

我向旁邊的年輕男子借電話，結果他是英國來旅遊，也沒有電話卡，再問另一個帶著小狗的年輕女子借電話，她立刻借我，但友人沒接，我只好回去繼續等。我們坐在地上觀察著對面和阿嬤、父母一起出遊的年輕女子，我一直想要不要跟她借電話，這樣看著想著大約過了一個多小時。已是晚上 6:30 了，我忽然跳起來過去借電話，她好開心立刻借我，她的英文非常好，可能因為等車等到太無聊，她跟我說好多馬賽發生了什麼事件。終於連絡到巴黎的友人，她已經在巴黎里昂火車站等我們，我請她先回去，火車不知何時才會來。才一掛掉電話，火車就來了，遲了三小時而已。

好不容易上了火車，發現我們的箱子真的是太大了，只能靠在一樓的門口，問了旁邊的人確定這是直達巴黎，我們才放心地將箱子靠在門上。他們的高鐵是有賣站票的，暑假人很多，也有人對我們的箱子白眼，大多都是耐心客氣地等待我們移動箱子。一放好箱子，旁邊樓梯便坐滿人了。我先去二樓看位子在哪，兩個高大的男士坐在我們的位子上聊天聊得正起勁，我表明這是我們的位子，他們做手勢做表情好像懶得起來，我轉身要下樓，他們一直叫我，表情誇張又緊張地說會把位子還給我，要我不要走，我笑說我是要去拿行李呀。

我們剛坐下來喘口氣時，一位高大的女查票員和一位短胖的男查票員在前面車廂對眾人說什麼，看她的手勢比著四方寬大的樣子，我覺得是在說我們的箱子。她轉身要去問別人，我想還是自首好了，但不知道怎麼喊她，這時坐在隔壁的法國男士眼尖瞄到我的舉動，舉手喊她幫我說我要找她，然後一臉想看看會發生什麼的興奮。她把我們叫到車廂和車廂之間的樓梯口，明宗先過去，我停了一下跟著過去，忽然很清楚地看到自己人生中遇到緊急突發狀況時，會停頓一下來轉換能量的模式。

她手叉著腰準備教訓我們，然後用法文夾雜英文對我們說 TGV 不可以帶這麼大的箱子，每說到一個英文單字，她就轉頭問旁邊的乘客這樣說對嗎？旁邊乘客也像學生一樣回答對、對。然後她繼續搖動她的食指，像老師教訓學生那樣。我連忙說我們在歐鐵買票時，他們有打電話確認可以帶裝箱單車。她再次說是不能帶的，一邊誇張的指著旁邊的行李箱，只能帶 luggage。（又戲劇性地去問大家英文是不是這樣說）我心想這是直達車，不可能把我們趕下車，最多是罰錢吧。這時旁邊短胖男士開始拿著計算機按來按去，兩人交換一下意見。高大女士又轉過來說：「Normally, normally, you have to pay 90 euro.....」，（通常你必須要另外付 90 歐元），我居然也配合演起來，雙手摀著嘴很驚訝的樣子。「But, but,」（但是，但是……）她抬高頭說：「Don't do that again !」（下次絕對不能再犯）我一手捂著胸口，一手舉起搖頭說：「We will never do that again. 」（我們絕對不會再犯了）她頭抬高高帥氣地和那位男士甩頭轉身就走了。這一幕想起來還是覺得好好笑，他們的造型和表情讓我想到頑皮豹卡通的探長。不過真的感謝他們的體諒，讓我們省下 90 歐元。

一回到座位，我有點不爽地說再也不要帶單車來法國了啦！他面有難色。我說下次來直接買一輛騎就好了啊，他又開心說：「對！對！」

到了巴黎里昂車站，已經晚上 9:30 了，將箱子從月台拖到百米外的街道上，我就快虛脫了。我手上只有青年旅館的名稱和地址，記得在 Google Map 上查過，直線距離是九百公尺，當初是想可以走過去，沒想到現在有兩輛單車，而且往哪走，沒有手機查詢，街道圖和廣場名稱和道路名稱對不起來，我連一百公尺都提不動。他說想去看看對面的路名街名，就過馬路走到很遠的對面去，不見人影。

我覺得快要崩潰了，腦袋空白有很深的無助感升起，心中連吶喊的力氣也沒有，好想哭喔，就在這時，上天旅行社派護法來救我了。旁邊地上坐著兩個亞洲年輕人，他們的語言聽起來好熟悉，我就用英語向他們尋求幫助，他們馬上熱心地幫我查找旅館地圖，發現到旅館的距離是 2.5 公里，還主動借我手機打電話，旅館說坐計程車過去只要 10 歐元。對啊，我怎麼沒想到坐計程車。我問兩位年輕人說的是否是藏語？他們說是啊！這時明宗回來了。我指著明宗說他去西藏騎過單車，他們也很驚喜，我說這語言我也好熟悉，十多年前就接觸藏傳佛法，聽見藏語就感到平靜，見到他們像見到家人般親切。他們知道我們要搭車，立刻輕鬆地一人一手拉起我們的單車直驅車陣，然後招了一輛計程車，要我給他看地址，司機輕鬆說沒問題，我疑惑地看了他的車子，再指指箱子，司機又說沒問題。我們滿懷感激地跟西藏朋友道別。然後這位身高一米九的黝黑司機將兩箱單車輕鬆舉起放入後車廂，有一半突出來，然後他再拿出來說放不下。我心想目測就知道放不下了啊！然後他就開走了。

我們傻傻地站在三個車道的中央，計程車不斷從我們兩旁繞過去，我又攔了一輛大型一點的車，那司機看看箱子指指對面，原來對面街道有一長排的人在排隊等計程車。我正想還要拎這麼遠去排隊……忽然有個男的走來看看我們的箱子用英文說：「Too big？（太大？）wait here（等等喔）」，只見他指揮交通趕走其他小車，攔下一輛箱型計程車，說了些什麼。那司機下來看到說 OK 就搬上車，這男人走到我面前用手勢比了小費，一邊說好話祝福我的旅程，我把口袋的零錢都掏給他，他熱情地感謝。上車後那司機看了地址後，臉上出現原來這麼近的表情，我以為廂型車比較貴，結果連小費一樣是 10 歐元。我跟明宗說我給那位幫忙叫車的男子好像有 6 歐元，總之，我們還是太幸運了。

兩個人疲憊不堪地一進到旅館，櫃檯的印度先生輕搖著頭，笑容滿面用印度腔英文很慢的說：「你是玉心嗎？」我心想怎麼這家青年旅館服務這麼好，能一進門就叫出我的名字。他慢慢地說，你的朋友有留言給你，明天早上九點到九點半會來這裡跟你碰面。後來友人跟我說她打電話來留言，印度先生找不到我的訂房記錄，友人說拼我的名字拼了很久，印度先生一直說錯，她一直糾正他。我常看印度電影，看到這位先生不斷搖動他的頭時，雖然我快累死了，也忍不住笑了。他看了看我們的兩大箱，然後眼神詭異的說：「噢哦，你們的房間在 3 樓（實際上是 4 樓），我們沒有電梯喔。」我立刻問樓下有寄行李的地方嗎？他說：「有的，地下一樓。」哇勒！還好明宗自己搬，其實大多時候都是他自己搬的，我的手早已無扶箱之力。

一進到房間我們都很想哭，我們住的是上下床的雙人房間，我想哭是因為終於可以睡到軟軟的床墊了，他想哭是因為從阿爾卑斯山純淨天堂來到市區像監獄一樣悶熱的小空間，我可以體諒他的心情。我對他說：「獄友，雖然落差很大，但是我們實在很幸運，受到這麼多的幫助，要感恩哪！而且這裡住一晚才台幣 1400 元，還附早餐，又在巴士底監獄附近這麼好的地點。」一進到都市，計算的腦袋就自然啟動了。

亞維農到巴黎無常又辛苦的一日結束了！

右頁：巴黎美麗的聖母院

Visitez Paris - Visit Paris -
посетить Париж
The Original

Day 15

2017/8/21 星期一

戀愛的城市

巴黎巴黎

吃完早餐，他就迫不及待去尋覓街上的美麗單車。我在旅館等待友人時，和一位來自中國的年輕女子聊天。她是在南京大學做行政工作，第一次來歐洲到德國、捷克、巴黎遊玩，她說第一次來很貪心，哪裡都想去，朋友帶著走，走到腳後跟都快磨破了，但是巴黎實在是太美，停不下來。

友人 Lu 出現了，我們歡喜地互相擁抱，她是親人般的老友，也是一位傳奇朋友，當初只是到法國遊玩就結下不解之緣，獨自搬來法國定居已二十年。十多年前來找她玩時，她正在念大學先修班，我問她聽得懂嗎？她說有時一整堂課連一句法文都聽不懂，但是她相信總有一天會聽懂。憑著這種信念，她不到十年便完成精神分析博士學位，現在已在進行個案諮詢的工作了。

我們見了面無所不談，能在異國用母語和來自家鄉的人聊天好開心，連罵人都感覺爽快。剛開始明宗不好意思加入，總是跑到一旁拍照，漸漸也融入了我們，應該說融入了巴黎。

巴黎是一幅流動的畫，偉大浪漫的城市設計和在其中生活的人們以得天獨厚的大自然為背景，以美和愛交織舖陳。走在巴黎街道上，吸入了巴黎的氣息，會自然而然欣賞身旁人事物的美，我們從塞納河右岸走向河左岸，又從河左岸走回右岸，散步談天，像沙畫般留下短暫浪漫的軌跡。

從巴士底廣場出發，中午我們坐在弗尼圖書館 Bibliotheque forney 的後院花園吃著美味猶太蔬菜餅，路經雨果故居附近的孚日廣場，我想起自己前幾天的鐘樓怪人模樣，便想去聖母院看看——繼續前行聖保羅聖路易教堂——瑪黑區——盧森堡公園……。他說和初戀情人看過《新橋戀人》這部電影，一定要去新橋。巴黎是個神奇獨特的城市，她將美和愛傳遞到全世界每個角落，她的身上有每個人憧憬嚮往的迷人之處，初次來到都會浮現似曾相識的初戀滋味。伴著金色陽光的新橋，神秘一瞬地映照他回味甜蜜時光的滿足笑容。

來到河左岸的植物園，並沒有華麗的庭園設計，但是有來自世界各地的植物種類，很適合學術研究，我覺得最奇特的就是一棵趴趴樹，很懶散地讓枝葉都拖在地上生長，顛覆了植物向上向光生長的特性，是天生叛逆的樹吧。我們走著走著就坐在大樹下的長椅上放空、看看行人或打個盹，是漫遊巴黎該有的速度。

上：聖保祿聖路易教堂／下：羅浮宮金字塔

來到萬神殿，我想起 2001 年來 Lu 家住了十天，她家離萬神殿很近，當時是陰暗冰冷的冬天，氣溫是零度上下，我聽到萬神殿的名字，也不知道裡面有什麼，就帶著手持攝影機獨自前往，那時遊客非常少，雄偉建築工藝和一樓巨大的傅科擺讓我很驚嘆，展示說明全是法文，完全看不懂。我走到地下室，空蕩的石板地迴響著我一人的長靴聲，我看到了一排旗幟，每個旗幟有名人的畫像及簡介，旗幟旁有個小房間，好奇地往裡面一看，原來是他們的石棺。當時膽子很大，就走向一間間的石墓看一下，有伏爾泰、盧騷、居禮夫人、雨果……我一邊看一邊錄影拍攝，忽然聽到另一人的腳步聲，我嚇得跑起來，覺得那人和自己的腳步聲很有戲劇性，就邊跑邊拍了一段步步驚魂影片……聽完我的回憶後，我問他要不要進去參觀，他堅決說不要。

那年冬天來訪，我都泡在羅浮宮，遊客真的很少，有時只有我一人在展覽畫室坐很久。當時我對那些藝術品、畫作深深著迷到好像自己被吸入畫中，看著栩栩如生的雕像總是想像他們晚上就在羅浮宮活起來。我推薦他去羅浮宮，他也說不要，怕自己太過著迷，但時間又不夠多，這樣逛博物館很痛苦。暑假來巴黎，遊客非常多，光排隊買門票就可能花上一小時。他是對的，我們

上：弗尼圖書館／中左：弗日廣場／中右：巴黎新橋上的情人鎖
下左：巴黎新橋／下右：聖艾蒂安教堂

僅有寶貴的兩天，他的巴黎初戀該在八月燦爛的陽光下漫步。巴黎街頭各色各樣的單車和汽車和隨處可休憩的美麗公園已經讓他的心情開滿了花。

傍晚在巷道穿梭時，一位長辮髮型身材健美的非裔男子向我飛奔過來，然後在我面前急煞後空翻，緊接著另一名男子向他飛踢沒踢到，越來越多人加入這場「打不到踢不到」的美麗戰舞，非洲鼓聲越來越響亮，我們目不轉睛看得出神，但已經訂好餐廳，只好放下更多精彩的表演。

Lu 是美食老饕，請我們去體驗道地好吃的法國餐廳，翻開像書本一樣厚的菜單，裡面有廚師個人的詳細介紹，還有說明非常仔細的菜單，甚至連用什麼樣的鍋具什麼方式烹煮都會寫出來，Lu 以流利法文點了第一道鴨肉沙拉，帥氣男侍者非常贊同說：「Bien sûr !（當然！）」點了第二道菜什麼魚和飯，男侍者鼓勵說：「Très bien !（非常好！）」點了第三道菜又是什麼什麼沙拉，男侍者以優美的語調說：「Parfait !（太完美了！）」如侍者所說，太好吃也太完美，於是我們又加點了三個甜點，吃得太飽，將近十點半才離開餐廳，散步走回旅館已經又是 11:30 了。

美好的一天，腳後跟磨破真的也無所謂啦。

聖母院旁的綠茵公園，坐在椅子上休息好療癒。

LIBERTÉ POUR
ASIA BIBI
PARIS
Venez
partager

Day 16

2017/8/22 星期二

盛宴

巴黎聖母院&巴黎鐵塔

今天快要十點才出門，因為他堅持要自己煮義大利麵早餐，他覺得旅館供應的早餐太沒誠意，我卻覺得房價台幣 1400 元的免費早餐有一小條法國麵包附果醬奶油、一個小蛋糕、鋁箔包果汁以及可續杯咖啡、巧克力、牛奶或茶包已經很豐富了。有時候堅持是好事，有時候真的沒有太大意義，他這麼堅持也許是因為回到台灣無法每天吃這樣的早餐，捨不得吧。而我寧願趕快出門看風景也不要花時間在房間吃早餐。

出門沿著塞納河散步，我們就坐在樹下欣賞一位男士寫生。有一位清潔人員用特製的長柄小夾子撿旁邊草地上的瓶蓋，像是一種獨到的功夫，迅速又精準，旁邊坐著乘涼的人開始跟他聊天，他很酷地叼著煙回應，沒有停下他手上的工作。寫生的人終於把橋和天空都畫的差不多了，我們才離開。我還在看地圖研究怎麼走，他用太陽定位法找到了方向，這裡太陽原來是在東南方升起，依照緯度、季節變化……所以向西北走就能到目的地。我的腦袋經常是放鬆空空的，時間感也不明確，還好他是頭腦清晰的地理老師。

很慶幸當時參觀了聖母院，後來 2019 年大火，修復至今仍未完成。

今天我也有個堅持就是要去聖母院，之前來巴黎時都沒有進去過聖母院，在南法旅行時，一路上經過教堂就響起鐘聲，好像上主時刻提醒我們回到當下，又像是此時此刻在當下就能與祂相遇。我進到小城鎮的教堂時總感到寧靜放鬆，我的眼睛腫到像豬頭時，也想起鐘樓怪人和聖母院。總之，我就是想去看看。到了聖母院前面，因不收門票，大排長龍的遊客流動很快，我立刻加入離門口一百公尺遠的隊伍中，他說他不想進去，我堅定不語地隨著隊伍繼續向前移動，他只好說一個半小時後在外面銅像腳下碰面。

進到聖母院，中間區在舉行望彌撒，我坐著聽了一會，雖然聽不懂法文，但是主持的神父語調聲音讓我安神氣定，坐了一會兒，我就加入外圍的觀光人流觀賞聖母雕像、聖女貞德雕像和成道聖女圖畫以及這座從西元 1163 年甚至更早就開始建立的歌德式建築。八月觀光人潮太多，整個教堂氛圍越來越吵，主持望彌撒的神父忍不住用麥克風說：「噓！ Silent！Silent！（安靜！安靜！）」大家又安靜下來。感受到人們朝向聖者，仰望耶穌，渴望救贖和渴望平安的心隱藏在不安焦慮的集體意識下。

這個巨大美麗的建築體像西班牙的聖家堂一樣橫跨數個世紀，由不同時代的建築師接力完成。聖家堂已經建造二百多年尚未完工，據說 2026 年會完工，有人質疑為什麼建造得這麼慢，建築師高第曾說我的客戶（指上主）並不急。上主的工程是以上主的時間表去完成，我們只是也只能盡力做好自己的工作，何時會開花結果，那是上主的時間表決定的。

我最喜愛看彩繪玻璃，可是實在太高，只看到幾何花的造型，裡面的人物故事太遠了看不清。門口有三個聖門，聖安娜門、耶穌門和聖母門。在南法遇到的女

聖母院內的彩繪玻璃
為誰開了一扇窗？

聖母院內虔誠的祈禱

騎士名字就叫做 Annemarie，聖安娜是聖母瑪利亞的媽媽，耶穌的阿嬤，所以西方很多天主教徒的家庭會將孩子命名為 Anne 或 Maria。阿嬤真的很重要，我抬頭對天上的阿嬤說。

已經不像年輕時那樣貪愛留戀非要看到最後一秒鐘，我提早出來在銅像腳下等他時，看到許多鴿子聽指令飛到一位男士的頭上手上，正覺得有趣，忽然頭頂啪一聲感覺熱熱的，抬頭看到高大樹上停著一隻鴿子……想不到我以過往去英國唸書時學到的教訓，二十年來，只要有鴿子飛過，警覺地不站在他們的領空下，現在只是片刻的疏忽……但……這也是上主的恩賜吧，阿門！

一個城市有條運河貫穿其中真的好美，整個都市規劃的精華就從河的兩旁開始，河流的柔軟流暢平衡了剛硬的建築體，包容涵納都市的混亂龐雜，也淨化著來到她身旁的人。我們買了三明治坐在聖母院旁的河畔，聆聽一位表演者演奏手風琴，他熟練精湛的彈奏技巧和自得其樂的神情，從俄國民謠到美國搖滾歌曲，不斷組合變調的演出好精采。駐足的遊客不多，橋上方有人停下為他喝采，表演者非常含蓄地用一個只有 5 公分見方的小紙盒放在前方，只要有人打賞，他立刻熱情地感謝你並演奏得更忘我，我們兩人聽了一個多小時才不捨地離開。

繼續沿著塞納河旁走去奧塞美術館，美術館前也是大排長龍。和 Lu 約吃晚餐的時間已近了，就往回走，現在是下午四點，賽納河邊的小攤販稀稀落落，賣紀念品、古書舊貨、海報。可能太陽還大，法國人不趕時間，也不讓時間追趕，他們緩緩享受著生活的細節，

聖母院外的手風琴演奏家

以美和愛的堅持作為生命應有的態度。

我們又走回聖母院附近，他說之前等我的時候，看到後面有個公園，正想進去坐坐，有人拿了一張表格請他填，他看旁人有填，就照做寫了名字，還要他寫護照號碼，他正要拿出護照，對方又說不用了，然後指著最下面一欄，他看不懂，然後看到有人捐錢才恍然大悟進去是要捐款的，他就離開了。Lu 這時也到了，我和 Lu 猜測是教會請人在外面募款，並非進公園要付款。為了澄清他的疑慮，Lu 就帶我們直接去那個公園乘涼，他舒服地躺在長椅上休息。我說聖母院裡面有好多空的長椅可以休息耶，為什麼不進去？他現在才好奇地問裡面長得怎樣。我也不明白為什麼他那時就是不想進去，難道是害怕進去教堂那道門後，就不再是自己了？人就是很怕被改變，但其實人真的沒有那麼容易改變的。

他說剛才看到在橋下有幾個男女全身赤裸或坐或站自在地做日光浴。咦？我怎麼沒看到，在這裡真的是很自然的發生。看著他羨慕的眼神，覺得如果可以選擇來世生活的地方，他一定會選擇法國吧。

我們三人在塞納河邊散步，有時我挽著她的手，有時我牽著他的手，有時她挽著我們兩人的手，我們聊著天，順著河流，有時安靜地走前走後，各自欣賞當下的美景，沒有太多拍照的欲望，讓當下風景緩緩流過。

Lu 和明宗聊著去過成都的經驗，兩人忽然懷念起麻辣川菜，晚餐換我們請客吃川餐，和昨天吃浪漫法國菜完全不同。小空間裡小張桌子挨著小張桌子，肩並肩擠滿了人，幾乎都是中國人，服務生爽快大聲地吆喝著菜名給廚房「來叻」「好得」，大盆大盆辣紅色的菜餚堆滿桌上，還好我有不辣的山藥可以吃，配著啤酒、椰汁。隔壁桌兩人點了太多直嚷嚷，Lu 開玩笑跟他們說請我們一起吃就不嫌多，當然他們沒有分給我們，大家都在一個熱鬧哄哄的開心頻率中，吃完了也無法在店內閒聊，因為等桌的客人已經擠到身邊來了。

Lu 準備了公車票，帶我們搭公車去看著名的巴黎鐵塔，站在世界有名的地標下抬頭仰望，他說覺得整個人要被吸進去了。我們再漫步走到比爾阿克姆鐵橋從那裡的角度去觀賞巴黎鐵塔，這裡也是拍電影《巴黎最後探戈》和《全面啟動》的著名場景。塞納河波光粼粼的河面映著夜晚的燈光，印象派畫作大師的浪漫就在眼前。整點一到，艾菲爾鐵塔忽然亮滿了跑來跑去的銀色小星星，好可愛浪漫又卡通，法國人真是好好玩，哎呦受不了！哈哈哈！

再前往人類博物館的廣場，廣場上人很多，有人拉著小提琴演奏探戈舞曲，穿越人群中望著正對面的巴黎鐵塔，心情一陣飛舞感動，此刻好像一場沒有男女主角的婚禮，而所有的人都是受到巴黎的邀約來享受美好的盛宴。我忍不住拉起 Lu 的手開心跳起舞來。她愣了一下說應該跟他跳吧！知道他不會跳舞，而我也不願意掃興，還好有 Lu 配合呢！

夜晚 11 點多，這趟法國之旅來到尾聲，我們和 Lu 道別擁抱相約回台灣見，好感謝她這兩天帶我們穿梭塞納河兩岸，品嚐巴黎美食還有豐富生活點滴的交流。

一向討厭在城市活動的他在兩天內就愛上了，這就是巴黎的魅力！這趟旅程訓練我們能捨能放，無論是榮譽之路、成功之路、美麗之路、天堂之路，豐富體驗過就流去了。

凌晨兩點，我還在整理行李，這次幾乎沒有買紀念品的法國旅行是因為刻意帶了最小型的箱子？還是因為上天早就安排多了一大箱單車，還是心已滿足，無需再添購了？但箱子關不上代表我原來攜帶的還是太多了吧！

Day 17

2017/8/23 星期三

返家

禮物

早上 7:15，計程車準時來接我們，順利抵達戴高樂機場。我們看到長榮航空的旗子就入列排隊，前後都是穿白長袍的人，我想這班飛機到台灣的中東人真不少，居然也沒看到台灣人。排了一半，我才想起要拿護照，隨身行李中居然找不到，只好將箱子拖出隊伍去翻開也找不到，整個人很鬆很呆，他走出隊伍來問我找到沒，我說都找不到。他忽然翻他的袋子，結果在他的袋子裡，旅途通常都是我拿護照辦事，兩本護照理應會在我的袋子裡，辦完後他拿回他的，為何會都跑去他那裡，這真是個謎。回到隊伍中才發現我們排的是聯合航空，長榮航空在隔壁，難怪都是中東人。我們又趕快退出隊伍重排，二傻好像做夢還沒醒。

在飛機上，旁邊坐了一對母女帶了兩位約兩歲的雙胞胎兄弟和一位 3、4 歲的小妹妹。小娃兒一個哭，就全部一起哭，邊哭邊尖叫，每個小時都來一回，媽媽和阿嬤都好辛苦，她們看起來很累，仍然沒有對小孩發脾氣。我精神很好不想睡，他試著睡也睡不著，我發現我們都越來越心平氣和地接受當下的發生，這趟法國之旅打開我們的心去接受更多的可能和愛人類，自由、平等、博愛精神也在旅程中化入我們的心了。

在飛機上看了這部日本電影《生存家族》，劇情是一家四口因為日本無預警長期完全停電，從東京騎單車逃往鹿兒島的故事，雖然以輕鬆方式拍攝，但停電議題是全人類都會面臨的問題。親近大自然會有很多省思，我們需要什麼？想要的是不是太多了？善待地球如何從自己做起？能不能和他人一起合作學習？他也有很大的突破，從來都不能看超過一部電影，也無法熬夜，這次竟連看了四部電影也沒睡覺，也沒升起情緒。離開舒適區，習性被改變時也正是機會來認識自己的侷限性，打開心就能飛向更寬廣的境界。

當飛機飛在歐陸上空，他俯瞰大地，核對螢幕導航，任教二十年的地理歷史教師，讀萬卷書，行萬里路，飛在天上看著下方的山川城市、河流海洋，從空中比對著腦海過去所學，非常過癮。當飛機到了台灣上空，正好是清晨，整條中央山脈像是龍的背鰭浮出雲端，清晰可見。他指著那些大尖小尖們，一一告訴我那些山的名字，彷彿在介紹他的親人，感覺他對著這個島嶼說：「我們回來了！已經不是出發時的我們了！生命體驗變得立體多面向，也豐富圓滿了。」

回到桃園機場，看到有公用電話真開心，預約的司機先生早就在機場等待，他說在 FB 看了前幾天的貼文覺得好棒。親自聽到我們的見聞更是感到佩服。

雖然此次旅程我是支援者，有種平安護送他回來的感覺，實際一路上卻是他照顧我比較多。回到溫暖舒適的高小屋，整個人都鬆下來，一切又回到如此熟悉重複的日常。

下午補眠昏睡之前，我忽然問他：「到底我們有沒有去過法國啊？」他回答：「如果醒來有看到我買的那輛單車，那就代表我們有去過。」

對於自己被拉去當支援的被動感還有些疑惑，我又問：「那你何時有想去騎環法賽路段的念頭？你又沒有電視看，怎麼對那些路段那麼熟悉？」

他：「十年前你送我環法賽 DVD 的時候啊⋯⋯」

我：「⋯⋯ 」（早就忘了十年前的禮物是什麼）

十年前的禮物轉換成十年後他的 50 歲生日禮物，還有上主給我的大禮物，哈哈！原來自己也是始作俑者，真是因果不虛，禮物千萬要慎選！

三天後他回花蓮，準備開學。而我開始將這個如夢似幻的南法單車遊記轉換為文字 ，完成我自己的環法賽記錄！

向地球天堂和生命旅程感恩合十

我和伊索哈山上的五葉松朋友

附錄 露營區資訊

D1-D2 | D12-13

Camping du D'efends Sault 索村露營區

https://www.campingdudefends-84.fr/

D3

Camping du Lac 湖畔露營區

在上普羅旺斯阿爾卑斯藍色海岸 D4 公路上

https://au-camping-du-lac.com/?utm_source=google&utm_medium=organic&utm_campaign=mybusiness

D4-D5

Eygliers D37 公路野營地

位在 D37 公路上往迪朗斯河的方向，喜歡野營的人一定找得到

D6 | D9

Camping les 2 glaciers 兩個冰川露營區

https://www.monetier.com/la-mairie-et-ses-services/services-en-mairie/services-municipaux/115-camping-municipal

D7-D8

Le Casset D300 公路停車場公園野營地

D10

Camping Les Prairies - Alpes de Haute Provence

塞恩的拿撒勒聖母教堂附近的大草原露營區

D11

不知名的路的某山上機構大門口

D14-D16

International Youth Hostel

距離巴士底廣場走路十分鐘的國際青年旅館

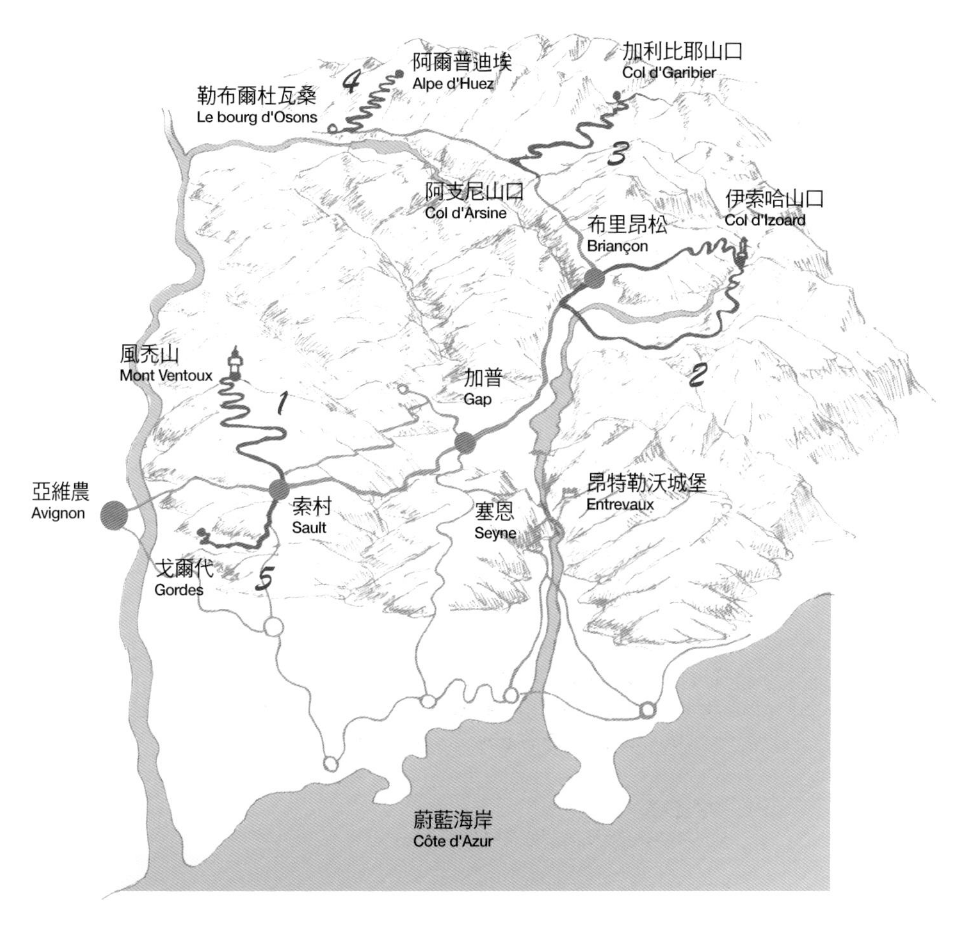

山野騎士路線

第 1 站　索村～風禿山 Sault ～ Mont Ventoux

第 2 站　埃格利耶爾～伊索哈隘口 Eygliers ～ Col d'Izoard

第 3 站　卡謝～加利比耶隘口 Le Casset ～ Col d'Galibier

第 4 站　勒布爾杜瓦桑～阿爾普迪埃 Le Bourg-d'Oisons ～ Alpe d'Huez

第 5 站　索村～戈爾代 Sault ～ Gordes

南法遊記

她的內在旅程・他的單車朝聖

國家圖書館出版品預行編目（CIP）資料

南法遊記：她的內在旅程 他的單車朝聖 / 曾玉心，邱明宗
文．圖．攝影．-- 初版．-- [新北市]：速行網資訊社，2023.08

ISBN 978-986-97924-2-4(平裝)

1.CST: 遊記 2.CST: 法國

742.89 112013391

文・圖・攝影　曾玉心／邱明宗
封面設計　劉佳純
版面設計　曾玉潔
頁面完稿　劉佳純
文字編輯　曾玉心
校對　曾玉心／邱明宗
發行人　童元珍
出版單位　速行網資訊社
印刷單位　日動藝術印刷有限公司
定價　800 元

初版一刷 2023 年 8 月
ISBN　978-986-97924-2-4